誰でもわかる
Large Language Model
大規模言語モデル入門

LLMの用語・仕組み・実装を図解

末次拓斗

日経BP

はじめに

　大規模言語モデル（LLM）はテキストを生成する技術であり、ChatGPTのような生成AIの核となる技術です。その強力な性能から、OpenAIやGoogleといった外資企業だけでなく、ソフトバンクやNECなど日系大手も開発を進めています。将来性が高いと言われるAI分野の中でも、LLMは特に注目されている分野と言えるでしょう。

　LLMに対する関心が高まる一方で、LLMを学び始めるハードルが高いと感じる方も多いようです。実際に以下のような声をよく耳にします。

- 何から学べばよいかわからない
- 専門書は難しすぎて挫折してしまった

　本書を手に取った方も「AIに関する知識はあまりないが、LLMについて学びたい」という人も多いのではないでしょうか。そこで本書では、図や例をふんだんに取り入れ、LLMの基本的な仕組みから実践的な知識まで、ステップバイステップでわかりやすく解説します。

本書の特徴

1）LLMの仕組みを図で解説

　多くの解説書ではLLMの説明に数式を使用します。本書では、数式は最小限にし、理系出身ではない人でも直感的に理解できる図解を中心に説明を行います。

2）詳細なコメント付きサンプルコード

　LLMの仕組みを理解できた後は、簡単なコード実装（Python）を通じ理解を深めます。詳細なコメント付きコードを公開しますので、Python未経験でも基本的な処理の流れを理解できます。

　本書を読めば、AIの知識がない人でも、LLMの基礎を理解し、LLMを活用したプログラムを実装できるようになります。学んだ知識は業務の自動化や新しいサービスの開発、そしてキャリアアップにも役立つでしょう。「今からLLMを学んでみたい」という方が、本書を通してLLMへの理解を深め、さらに興味を持つきっかけとなれば幸いです。

2024年10月
末次　拓斗

本書で扱う内容

　本書は4部構成となっており、LLMの前提知識からプログラム実装までをステップバイステップで解説します。

第1部：大規模言語モデル（LLM）の前提知識

　まず、「LLMとは？」「LLMの何が凄いのか？」といった基礎知識を解説します。第1部を読むことで、LLMに詳しくない方でも、基礎をしっかりと身につけられ、LLMの将来性の高さも実感できるでしょう。

第2部：LLMの仕組みを理解する

　LLMの仕組みや学習方法について掘り下げていきます。「パラメータ」「学習」「Transformer」など、よく耳にするが難解に感じる専門用語について丁寧に解説します。第2部を読めば、LLMに関するニュースや最新の技術トレンドをより正確に、素早く理解できるようになるはずです。

第3部：PythonでLLMアプリを作成する

　実際にPythonコードを動かしながら、LLMを活用したプログラムの開発方法を学びます。基本的な「LLMと会話するプログラム」からスタートし、ビジネスへの応用を想定した「LLMによる商品レビュー分析プログラム」を実装します。第3部を通して、開発スキルを身に付け、業務自動化や新しい機能の開発に応用できる知識が得られます。

第4部：知っておきたいLLM開発の知識

　LLMを活用するうえで役立つ知識を紹介します。たとえば、自分の用途やニーズに合ったLLMの選び方や、LangChainと呼ばれる開発を効率化するツールを解説します。第4部を読むことで、より効率的に、より高度なLLMを活用したプログラムを開発できるようになるでしょう。

> **本書の読み方**
> - **第1部**：LLMの前提知識を解説していますので、まず最初に読んでいただくことを推奨します。
> - **第2部から第4部**：これ以降の部は独立しており、どの部からでも読み進められます。ご自身のニーズや興味に応じてお読みください。

本書を読む前に

更新情報

　本書の訂正情報とサポートは、下記URLで確認してください。本書サポートサイトでは、第3部、第4部で使用するプログラムコードをすべて公開しています。

- 日経BPのサイト（書名もしくはISBNで検索してください。ISBNで検索する際は-（ハイフン）を抜いて入力してください）

  https://bookplus.nikkei.com/catalog/

- 本書サポートサイト

  https://www.staffnet.co.jp/hp/pub/support/

> **［注意事項］公開するコードについて**
>
> 　公開されているコードは、状況に応じて変更が加えられることがあります。たとえば、新しいバージョンのLLMやライブラリに対応するための修正などが挙げられます。そのため、本書に掲載されている画像やコードと異なる場合があります。ご了承ください。

前提知識

　本書に必要な知識は「ChatGPTの使用経験があり、凄さや便利さを理解している」ことだけです。もちろん、ChatGPT以外のチャットサービスでも構いません。本書ではたびたびChatGPTを例に出しますが、そのチャットサービスに置き換えて読んでください。

　第3部、第4部での説明ではPythonを使用しますが、詳細なコメント付きのコードを公開しているため、Pythonの知識は必須ではありません。ただ、Pythonの知識があれば詳細なコードを理解したり、本書のコードを応用することが可能でしょう。

その他

　本書の内容については十分な注意を払っておりますが、完全なる正確さを保証するものではありません。訂正情報は適宜、更新情報のWebサイトで公開します。

> **［本書で扱うLLMについて］**
>
> 　本書では、GPTといったテキストを生成するLLMを中心に扱います。LLMの中には、テキスト生成しないものも存在しますが、本書ではテキストを生成するLLMに焦点を当てています。

目次

はじめに .... (2)

第 1 部　大規模言語モデル(LLM)の前提知識　1

第 1 章　LLMの基礎知識と学ぶメリット 2

- 1.1　AI・生成AI・LLMの定義 2
- 1.2　なぜLLMが注目されているのか、その技術の革新性 4
- 1.3　LLMを学ぶメリット 7

第 2 章　大規模言語モデルの「大規模」と「言語モデル」とは 13

- 2.1　言語モデルとは｜LLMはどうやってテキストを生成しているのか 14
- 2.2　大規模とは 19
- 2.3　大規模化のメリット 23
- 2.4　大規模化のデメリット 26

第2部 LLMの仕組みを理解する　29

第3章　LLMの内部構造　30

3.1　LLaMA-2の中身　31
3.2　LLMがテキスト生成する流れ　32

第4章　LLMのパラメータと学習　42

4.1　パラメータとは　43
4.2　パラメータと学習の関係　47
4.3　LLMの学習ステップ　48

第5章　事前学習　52

5.1　事前学習の目的　53
5.2　事前学習の方法　54
5.3　事前学習のコスト　59
5.4　事前学習に使われるデータ　60

第 6 章 ファインチューニングとヒューマンフィードバック 66

6.1 ファインチューニング（Fine-Tuning） 68
6.2 ヒューマンフィードバック（Human Feedback） 75

第 7 章 LLMにおけるTransformer 83

7.1 Transformer発展の歴史とOpenAIが成功した理由 84
7.2 Transformerによる並列処理 90
7.3 Transformerのコア技術Attention機構 91

第3部 PythonでLLMアプリを作成する　97

第8章 LLMを動かしてみよう　98

- 8.1 チュートリアル1：開発環境を理解する　99
- 8.2 チュートリアル2：開発環境をセットアップする　104
- 8.3 チュートリアル3：LLMを用いた関数を作成してLLMと会話する　115
- 8.4 チュートリアル4：LLMを用いたレビュー文の分析サンプルプログラムを作成する　119

第9章 LLMを使用したレビュー分析プログラムの開発　127

- 9.1 サンプルプログラムの概要　130
- 9.2 Google Colabのセットアップ　131
- 9.3 サンプルプログラムを実行：LLMによるレビュー分析　134
- 9.4 コードの説明　139

第10章 LLMプログラムの評価とファインチューニングによる改善　148

- 10.1 LLMプログラムの評価　149

10.2	評価プログラムの実行	152
10.3	コードの説明	155
10.4	ファインチューニングによる性能改善	158
10.5	性能改善プログラムの実行	160
10.6	コードの説明	167

第4部 知っておきたいLLM開発の知識　173

第11章 プロンプトエンジニアリング　良いプロンプトを見つける方法 174

11.1	STEP1　ベースとなるプロンプトを作る	175
11.2	STEP2　良いプロンプトの原則に従う	176
11.3	STEP3　プロンプトをより効果的にする、追加要素を検討する	178
11.4	応用編：思考の連鎖（Chain of Thought，CoT）ステップバイステップで複雑な問題を解く	184

第12章 LLMの比較方法と選び方 187

12.1 自分の用途に合ったLLMを選ぶ方法 188
12.2 クローズドソースの主要なLLMと選び方 190
12.3 オープンソースの主要なLLMと選び方 194
12.4 ベンチマークでLLMの性能を比較する 197

第13章 LangChainを使って発展的な実装を行う 203

13.1 LangChainを使った発展的な実装例 205
13.2 LangChainの基本的な使い方 208
13.3 LangChainの主要機能① エージェント（Agent）......... 214
13.4 LangChainの主要機能② メモリー（Memory）......... 217
13.5 LangChainの主要機能③ RAG（Retrieval Augmented Generation, 検索拡張）......... 219

参考文献 223

索引 227

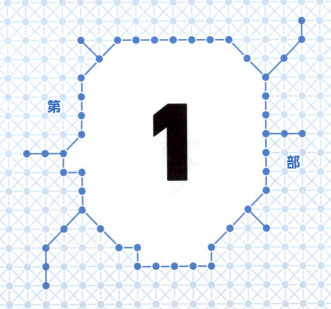

第1部
大規模言語モデル（LLM）の前提知識

　ChatGPTの週間ユーザー数は1億人[1]を超え、開発元のOpenAIは1か月間で120億円[2]を売り上げていると言われています。OpenAIだけでなく、GoogleやMetaなど、多くの企業が生成AIに注力しており、生成AIは最も注目されている分野の1つです。
　ChatGPTが注目を集める一方、ChatGPTに使用されている技術は十分に理解されていません。生成AIやLLMといった用語は聞いたことがあっても、定義や特徴は曖昧な人が多いのではないでしょうか。第1部ではChatGPTのコア技術である、大規模言語モデルの基礎知識を解説します。

---

1 https://techcrunch.com/2023/11/06/openais-chatgpt-now-has-100-million-weekly-active-users/
2 8000万ドル、（ソースURL:https://fortune.com/2023/08/30/chatgpt-creator-openai-earnings-80-million-a-month-1-billion-annual-revenue-540-million-loss-sam-altman/）

第1章

LLMの基礎知識と学ぶメリット

　本書を手に取った方は「LLMに興味がある」もしくは「LLMを学ばなければいけない」という方が多いのではないでしょうか。また、「今LLMを学ぶメリットは？」という疑問を持っているかもしれません。

　一言でいうと、LLMを学ぶメリットは「LLMをただ使う」側から「LLMを活用して、アプリやサービスを企画・開発できる」側にステップアップできることです。言い換えると、ChatGPTのようなツールを使うだけでなく、それを活かしたサービスを企画・実装するスキルが得られるということです。

　本章では、LLMの基礎知識を解説しつつ、学ぶメリットについても、より詳細に解説します。具体的には、次の3つのテーマを中心に説明します。

- AI、生成AI、LLMの定義
- LLMが注目されている理由と技術の革新性
- LLMを学ぶメリット

　本章を読み終える頃には、次の章へ進むための基礎知識とモチベーションが得られているはずです。

1.1　AI・生成AI・LLMの定義

　まず、AI、生成AI、そしてLLM（大規模言語モデル）のそれぞれの立ち位置を整理してみましょう。図1-1のように、これらは階層的な関係にあります。

図1-1 AI・生成AI・LLMの立ち位置

　まず最も大きいカテゴリとしてAIがあります。AIの中でも、なんらかのコンテンツ（テキストや画像など）を自動で作り出すAIを「生成AI」と呼びます。生成AIは、「文章を書く、絵を描く」といった何かを生み出す能力を持っています。

　そして生成AIの中でも、特に「テキスト生成」するための技術が大規模言語モデル（LLM）です。ChatGPTには画像生成や検索機能など、多くの機能が追加されましたが、「ユーザーからの質問を理解し、返答を生成する」という最も根幹となる役割を担っているのがLLMです。実際に、ChatGPTでは、使用するLLMを切り替えられます（図1-2）[1]。

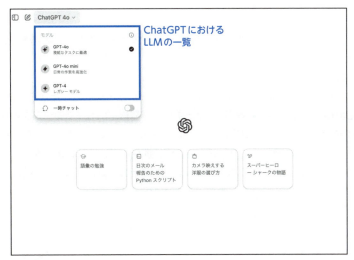

図1-2 ChatGPTにおけるLLM

1　厳密にはGPT-4oはLLMではなく、テキスト以外にも画像や音声を生成できるマルチモーダルAIと呼ばれます。

LLMはテキストを受け取り、新たにテキストを生成します（図1-3）。特に入力テキストは**プロンプト（Prompt）**と呼びます。

図1-3　LLMはテキストを入力し、新たにテキストを生成する

もし、あなたがChatGPTを発表当時から使っていたなら、当時はテキストを生成するだけのシンプルな機能だったことを覚えているかもしれません。このようにシンプルな機能にもかかわらず、ChatGPTは瞬く間に1億人以上のユーザーを魅了し、大きな話題となりました。

では、これほどシンプルな機能にもかかわらず、なぜLLMがこれほど注目されたのでしょうか？　LLMのどんな部分が革新的なのでしょうか。

1.2 なぜLLMが注目されているのか、その技術の革新性

1.2.1 LLMは高い汎用性を持ち、多くの既存サービスを置き換える可能性がある

LLMは、翻訳やプログラミング、情報提供など、さまざまなことに対応できる汎用性を持っています。普段からChatGPTを使っていると当然のことに聞こえるかもしれませんが、技術的には非常に革新的なことです。

なぜなら、従来は「1つのAIに対して1つのタスク」が一般的だったからです。たとえば、Google翻訳のような翻訳AIは翻訳しかできません。翻訳という1つのタスクに特化することで、高い性能を発揮していたのです。

一方、LLMは翻訳だけでなく、コード生成、情報提供など、さまざまなタスクで高い性能を発揮します（図1-4）。この「何でもできる」汎用性こそが、LLMの革新的な部分です。

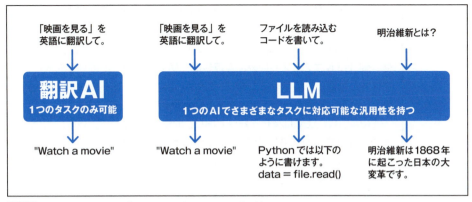

図1-4 LLMは1つのAIでさまざまなタスクに対応可能な汎用性を持つ

　一時期、「ChatGPTが出たから、Google検索を使う人が減る」という話題がありましたよね。実際には、Google検索だけでなく、従来の翻訳サイト、Q＆Aサイトなど、既存の多くのサービスを置き換えてしまう可能性がある、それぐらい汎用性が高いのがChatGPTの革新的な部分です。実際、ChatGPTを使い始めてから、翻訳サイトや検索ツールを使う頻度が減ったという人も多いのではないでしょうか。

　このように、LLMはさまざまなことができる汎用性を持っています。そのため、従来のAIが「弱い」「特化型の」AIと言われていたのに対して、LLMは「強い」「汎用的な」AIなのではないかと言われています。これがLLMが大きな注目を集め、OpenAI、Google、Metaといった企業が競って開発している背景です。

> **補足情報　マルチモーダルAI：さらに汎用的なAIへ**
>
> 　近年、テキストのみを扱うLLMから、より汎用的な「マルチモーダルAI」へ進化し始めています。マルチモーダルAIとは、複数の種類のデータ（モーダル）を同時に処理できるAIを指します。たとえば、図1-5のように、画像とテキストを組み合わせた入出力が可能です。
>
>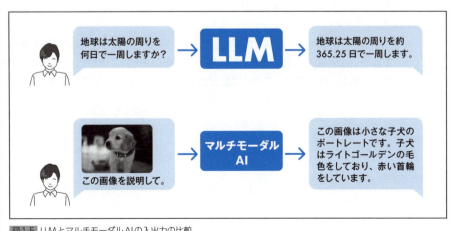
>
> 図1-5 LLMとマルチモーダルAIの入出力の比較

複数のデータ形式を扱えることで、AIはより多様なタスクに対応できるようになります。たとえば、写真やスクリーンショットの説明を求めたり、音声でAIに指示できます。

実際、OpenAIとGoogleは既にマルチモーダルAIの開発に着手しています。OpenAIは、GPT-3.5はテキストのみに対応したLLMでしたが、その翌年発表されたGPT-4はテキストと画像に対応するマルチモーダルAIになりました[2]。Googleも同様に、テキスト・画像・音声・動画を扱うことができるGeminiを発表しています[3]。

このように、LLMは進化を続けており、非常に将来性の高い分野と言えるでしょう。本書ではLLMに焦点を当てて解説していますが、LLMの延長線上にはマルチモーダルAIがあり、その仕組みや実装面でも多くの共通点があります。本書を読み、さらに学びたい方はマルチモーダルAIについても学ぶと良いでしょう。

1.2.2　LLMの性能の高さ

LLMは汎用性に加えて、その「性能の高さ」も注目されています。たとえば、GPT-4は難関試験で非常に高い成績を出しています。

◎ SAT（日本での共通テスト・センター試験のようなもの）

読解力とライティングスキル（SAT Evidence-Based Reading & Writing）では、800点満点中710点で、これは受験者の上位7%に位置します。数学（SAT Math）でも800点満点中700点で、受験者の上位12%に入る成績を残しました。

◎ Uniform Bar Exam [MBE+MEE+MPT]（日本での司法試験のようなもの）

400点満点中、298点で、受験者の上位10%に入る成績を残しました。

このように、GPT-4は多くの難関試験で高い成績を得ており、高い理解力と問題解決力を発揮しています。人間が長年かけて習得する知識を会得しており、脅威的な性能と言えるでしょう。

さらに、性能向上も続いており、GPT-3.5の翌年発表されたGPT-4は大きく性能を塗り替えました。LLMは汎用性、性能ともに進化の過程にあり、これからさらなる進化が期待されています。図1-6は学術的・専門的な試験におけるGPT-3.5とGPT-4の詳細な性能です。

2　(OpenAI et al. 2023)
3　(Gemini Team et al. 2023)

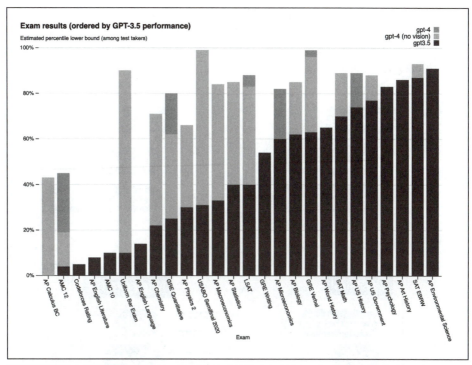

図1-6 学術的および専門的な試験におけるGPTの性能（黒の棒グラフがGPT-3.5の性能、灰色の棒グラフがGPT-4の性能）。引用：(OpenAI et al. 2023)

> **補足情報　LLMの苦手分野**
>
> LLMにも苦手な部分はあります。代表例が複雑な計算や最新情報に関する質問応答です。しかし、これらの弱点を補う技術も次々に開発されています。たとえば、エージェント機能やRAG（検索拡張）といった技術です。これらについては、この本の第13章で詳しく説明しています。

1.3　LLMを学ぶメリット

　ここまで、LLMは汎用的で高性能なことを理解していただけたと思います。では、今LLMを学ぶメリットは何なのでしょうか？

　冒頭でも触れた通り、LLMを学ぶメリットは、「LLMをただ使う」側から「LLMを活用して、アプリやサービスを企画・開発できる」側にステップアップできることです。本書を読めば、ChatGPTのようなツールを使うだけでなく、それを活かしたサービスを企画・実装するスキルを得られます。

　近年最大のイノベーションの1つである、スマートフォンが登場したときを思い出してみて

ください。Google、Apple、Metaといった企業はスマートフォンという大きな波に乗り、急成長を遂げました。今まさに、それらの企業は、次の技術革新の波であるLLMや生成AIに多額の投資をしています。具体的には、GoogleとMetaは独自のLLMを開発、AppleはOpenAIと技術提携をしています[4]（図1-7）。

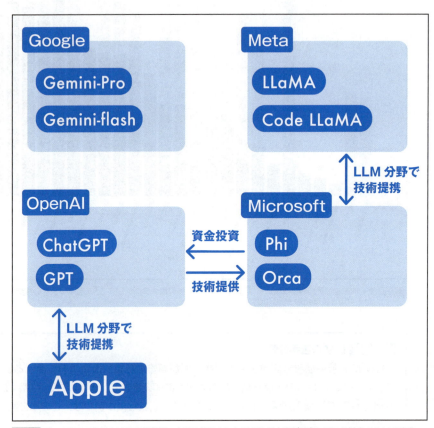

図1-7 ビックテック企業のLLM開発状況。企業の枠の中にあるのは各企業が開発している独自のLLMの名称

加えて、多くの企業がLLMの利活用も進めています。たとえば、X（旧Twitter）はLLMを活用したAIアシスタントを導入しました[5]。ほかにも、NECの実証実験によると、LLMを使ってカルテ作成を支援し、医師一人当たり年間116時間の業務削減が見込まれています[6]。

つまり、多くの企業がLLMという新たなイノベーションの波に乗り始めています。ここであなたに聞きたいのは、「LLMを使う側に留まるのか、それとも活用したサービスを提供する側になるのか？」ということです。

もしLLMを活用して提供する側になりたいなら、LLMの仕組みや実装について学ぶことは不可欠です。そして、その学びを支援することこそが本書の目的です。本書では、以下のステッ

---

4 https://openai.com/index/openai-and-apple-announce-partnership
5 https://x.ai/blog/grok-2
6 https://jpn.nec.com/techrep/journal/g23/n02/230204.html

プでLLMについて学ぶことができます。

- **第1部**：LLMに関する基礎を習得
- **第2部**：LLMの仕組みを学び、LLMを活用した企画や設計のための知識を習得
- **第3部**：LLMを活用したプログラムの実装力を磨く
- **第4部**：LLMの最新技術を学び、より効率的で発展的な実装を会得

　第2部以降はあなたのニーズに合わせて読むことができます。たとえば、あなたがエンジニアで実装に興味があれなら3部と4部を先に読んでも良いですし、逆に実装に興味がないなら2部と4部を中心に読むこともできます。

本章のポイントと次のステップ

　本章では次章以降の前提知識となる、LLMの周辺知識を解説しました。周辺知識を整理すると同時に、本書で扱うLLMの強みや将来性を感じてもらえたのではないでしょうか。次章では、LLMの基本的な仕組みを解説します。

AI・生成AI・LLMの定義
- **AIの定義**：人間の知能を模倣し、問題解決や学習、推論、知覚などのタスクを実行するシステム。
- **生成AIの定義**：テキスト・画像・動画などを生成するAIの総称。
- **LLMの定義**：テキストを理解・生成する巨大なAI。

LLMが注目されている理由
- **汎用性**：LLMは1つのモデルでさまざまなタスクを実行できる汎用性を持つ。
- **性能の高さ**：GPT-4は高難易度の試験で高得点を取れるほどの性能を持つ。

LLMを学ぶメリット
- LLMは現時点で汎用的かつ高性能。多くの企業がLLMの開発と利活用を進めている。
- LLMを学ぶことで、LLMを活用してビジネスやサービスを企画したり、実装できるようになる。

Column 主要なLLMと開発企業：LLMを巡るビッグテック企業の熾烈な争い

　ChatGPT発表以降、企業によるLLMの開発競争は激化しています。その背景には、LLMの将来性の高さがあります。

　冒頭でも紹介しましたが、ChatGPTの1週間のアクティブユーザー数は1億人を超え、開発元のOpenAIは1か月間で120億円を売り上げていると言われています。さらに、LLMは今後も性能が上がり、さらに汎用的になると言われています[7,8]（これについては2章で詳しく説明します）。つまり、LLMは現時点で1億以上の人から需要があり、これからさらに需要が大きくなる分野と考えられているのです。

　このような将来性の高さから、多くの企業が競ってLLM開発を進めています。その中でも重要な役割を果たしているのがOpenAI、Google、Metaの3社です。各社の発表した主要なLLMをまとめると以下のようになります。本書でもこの3社をたびたび取り上げますので、ここで押さえておきましょう。

OpenAI

ChatGPT 発表：2022年11月
月間アクティブユーザーが2億人を超える、生成AIチャットサービス。GPTモデルをベースに開発されている。近年ではBing検索、画像生成AIのDALL-Eなど他サービスとの統合が進む。

GPT-3.5 発表：2022年11月
最初期からChatGPTに使用されているLLM。GPT-4と比較して精度は低いが、低コストで処理が高速。モデルのサイズ（パラメータ数）はGPT-3と比較して100倍以上大規模に。

GPT-4 発表：2023年4月
GPT-3.5から性能、安全性など大幅に改善されたLLM。多くの難関試験で人間と同等以上の高得点を獲得する。テキストに加え、画像の入出力が可能になったマルチモーダルAI。

Google

BARD 発表：2023年2月
PaLM2とGeminiを基に開発された、生成AIチャットサービス。Google検索との連携、Googleドキュメント・Gmailへの簡単なエクスポートなど、Googleサービスとの連携が進められている。

PaLM 2 発表：2023年5月
複雑なタスクをシンプルなサブタスクに分解でき、従来のLLMより文章のニュアンスを理解することに優れている。モデルのサイズ（パラメータ数）はGPT-3.5の3倍以上。

Gemini 発表：2023年12月
PaLM 2から大幅に性能が上がり、知識分野で人間の専門家を超える点数を叩き出す。入力はテキスト・画像・動画・音声に対応し、出力もテキスト・画像を生成できるマルチモーダルAI。

Meta

LLaMA-2 発表：2023年7月
GPT-3.5と同等の性能を持つ。詳細な開発方法とソースコードを公開している、オープンソースLLM。モデルサイズ（パラメータ数）は3つの種類が公開されており、最大で700億。日本語を含む、英語以外の性能は低いため、日本語で使用する場合は注意が必要。

図 LLMの市場の動向：主要なLLMと開発企業（＊2023年12月時点）

　それぞれの企業は、一年に一度程度の速いペースで新しいLLMを発表しています。各社の開発にはそれぞれ傾向があります。

7　(Kaplan et al. 2020)
8　(Wei et al. 2022)

● OpenAIとGoogle

　OpenAIとGoogleはライバル関係にあり、それぞれ最先端のLLMを開発しています。OpenAIはGPT-1を2018年に発表して以降、GPTモデルを開発し、それをChatGPTに使用しています。Googleは生成AI分野ではOpenAIに遅れを取ったものの、Geminiなどの開発で追い上げています。Geminiの発表の際にも、GPT-4と性能を比較しGPT-4より優れていることをアピールしました[9]。

　OpenAIとGoogleは、LLMをAPIで提供しており、基本的に有料です。Googleは一部無料のAPIを提供しており、使用制限がありますが、最新のGeminiを使用可能です。

> 補足情報 [なぜGoogleはOpenAIに遅れを取ったのか？]
>
> 　GoogleがOpenAIに遅れを取ったのは、主に2つの理由が考えられています。
>
> 1. **チャットAIはリスクが高すぎたから**
>
> 　チャットAIはChatGPTより前に、MicrosoftのTay、GoogleのDuplexが発表されていました。しかし一時的に注目を浴びるものの、ChatGPTのように普及はしませんでした。特にMicrosoftのTayは差別的な発言を繰り返し、大きな問題になりました。チャットAIは自由な回答ができる分、管理が難しくリスクが大きかったのです。
>
> 2. **チャットAIはWeb検索とユーザーを奪い合ってしまうから**
>
> 　ChatGPTのようなチャットAIは検索機能と競合し、Google検索やWebサイトからユーザーを奪ってしまうと考えられていました。つまり、高度なチャットAIはWeb検索とユーザーを奪い合ってしまい、Googleの利益を損ねる可能性があったのです。
>
> 　上記ではビジネス的な要因を説明しましたが、技術的な背景については第7章で詳しく解説しています。

● Meta

　MetaはOpenAIやGoogleとは異なる側面で注目されている企業です。OpenAIとGoogleが機密情報としている「LLMの開発方法やソースコード」を公開しているからです。

　Metaが開発したLLaMAというLLMは、論文で詳細な開発プロセスが説明されているだけでなく、ソースコードもオープンソースとして誰でもダウンロードできるようになっています[10]。そのため、世界中の開発者たちがこの技術を活用し、さまざまな派生モデルを開発しています。たとえば、法律に特化したLawyer LLaMAや、中国語に対応したChinese LLaMAなどがあります。

9　Introducing Gemini: our largest and most capable AI model (https://blog.google/technology/ai/google-gemini-ai/#capabilities)

10　(Touvron et al. 2023)

●本書で使用するLLMについて

　本書では、第2部でのLLMの仕組みの解説にMetaのLLaMAを取り上げます。なぜなら、Metaは開発情報を詳細に公開しており、技術的な背景をしっかり説明できるからです。

　また、第3部以降でのLLMを用いた実装には、GoogleのGeminiを使用します。これは、Googleが無料プランを提供しているからです（下表）。

	OpenAI	Google	Meta
LLMの開発情報	非公開	非公開	公開
LLMの使用コスト	全て有料	一部無料	全て無料

第2章

大規模言語モデルの「大規模」と「言語モデル」とは

　前章ではLLMに関する基礎知識を説明しました。LLMの汎用性や性能の高さを理解していただけたと思います。では、LLMはなぜ汎用的で、どうやってテキストを生成しているのでしょうか？この答えは、「大規模言語モデル」という言葉に隠されています。「大規模」と「言語モデル」に分けて、それぞれを学んでいきましょう（図2-1）。

大規模	言語モデル
・何が大規模なのか？ ・大規模化のメリットとデメリット	・言語モデルとは？ ・GPTなどのLLMはどうやってテキストを生成しているのか

図2-1　大規模言語モデルの大規模と言語モデルとは

　まず大規模言語モデルの「言語モデル」から解説し、その後に「大規模」について解説します。本章を読めば、LLMの仕組みを理解でき、ChatGPTがどのようにテキストを生成しているか理解が深まるでしょう。

> [本書の解説方法]
> 　これまでLLMを学ぼうとした人は専門用語の多さに圧倒されたのではないでしょうか。ちょっとした解説記事でも、BERT、Transformer、Scaling lawなど、多くの専門用語が並んでいますよね。実際に、LLMを学んでいる人から「専門用語が多くて、わかりやすい情報が少ない」という声を聞きます。
> 　そこで本書では、図解をふんだんに使い、直感的にわかりやすい説明を心がけています。専門用語も必要以上に使わず、必要不可欠な用語は1つずつ説明します。

言語モデルとは｜LLMはどうやってテキストを生成しているのか

第1章でLLMが注目されている理由は汎用性にあると説明しました。あなたもChatGPTを普段使っているなら、翻訳・要約・コード生成など、その汎用性を実感しているはずです。

従来のAIと比較しても、LLMの汎用性は突出しています。従来の多くのAIは「テキストを評価ごとに分類する」など、1つのことに特化することで高い性能を発揮していました。一方でLLMはその枠を超え、レビューの分類はもちろん、翻訳や知識問題にも対応できます。

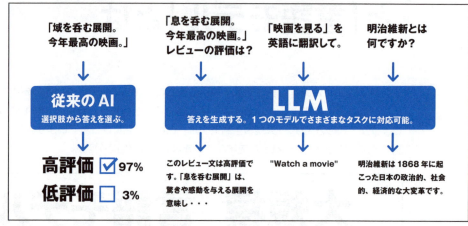

図 2-2 LLMは1つのモデルでさまざまなタスクに対応できる

図2-2では、従来のAIが分類結果を「選択肢から選ぶ」のに対して、LLMは答えを「生成」します。このため、LLMは事前に設定された選択肢に制約されず、より柔軟にさまざまな質問に答えることができるのです。

つまり、LLMは人間が話すように「答えを生成」します。物語を書くときは小説家のように、難しい質問に答えるときは専門家のように。では、LLMはどうやってテキストを生成しているのでしょうか。

2.1.1 LLMがテキストを生成する方法

LLMによるテキスト生成を理解するために、まず私達人間の場合で考えてみましょう。私達は普段、どうやって話しているのでしょうか。具体例で考えてみましょう。昨日の夜ご飯は何でしたか？少し考えてみてください。

どうでしょうか。おそらく「昨日の夜ご飯は・・・ご飯と・・肉じゃがを食べたな」「昨日は・・・疲れていたから・・食べていない」といったことを思い浮かべたと思います。何千、何万という答えがあると思いますが、ほとんどの人は「昨日は・・」「ご飯と・・・」「肉じゃがと・・」といったように「一語ずつ考えて話した」のではないでしょうか。

つまり、我々は「話すことを全て決めてから話す」のではなく、「それまでの文にそって一語ずつ考えて話している」と言えます。

図2-3　話すときに私達人間は1語ずつ考えて話している

　LLMも同じように、それまでの文を理解して、一語ずつテキスト生成します[1]。つまり、文脈に沿って、次の言葉を予測し続けることでテキストを生成しています。たとえば、「明治維新とは？」という質問に答える場合、以下のようにテキストを生成します。

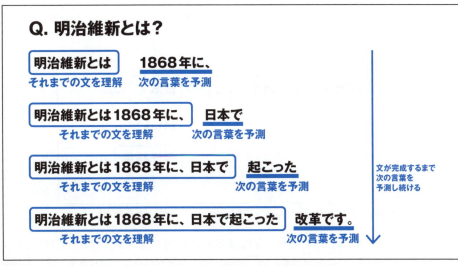

図2-4　それまでの文を理解し、適切な次の言葉を予測。文が完成するまで予測を繰り返す。

　図2-4のように、それまでの文を理解し次の言葉を予測することで、回答を生成します。それまでの物語を理解し、適切な次の言葉を予測し続けることで、物語も生成できます（図2-5）。

1　最先端のLLMは一語よりも小さな単位（一文字や言葉の一部など）ずつ生成します。このような小さな単位をトークンと呼びます。ここでは理解しやすくするために一語ずつとしています。

15

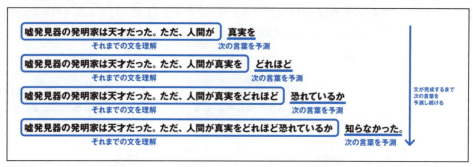

図 2-5 適切な次の言葉を選び続けることで、自然な物語が生成できる

つまり「次の言葉を予測する」という精度が高ければ、物語を書いたり、知識問題に答えたり、さまざまなことが可能になります。

このように、文脈に基づいて適切な言葉を予測することを**言語モデリング（Language Modeling）** と呼びます。大規模言語モデルの「言語モデル」という名前は、この言語モデリングを行うことから由来していると言われています[2]。特に今回のような次の単語を予測するタスクは、言語モデリングの中でも**次の単語予測（Next Word Prediction）**[3] と呼びます。

2.1.2　次の言葉を単語する仕組み

「次の言葉を予測すること」の仕組みを考えてみましょう。LLMは文脈を基に、その文に続く確率の最も高い単語を選びます。

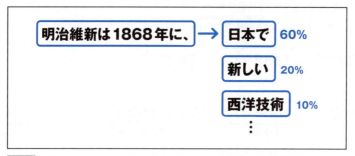

図 2-6 LLMはそれまでの文を理解して、最も確率が高いと予測される単語を選ぶ

たとえば図 2-6の場合、『明治維新は1868年に、』に続く可能性が高い単語を予測します。その結果、『日本で』『新しい』『西洋技術』などが候補に上がります。そして候補の中で、最も確率が高い『日本で』を次の単語に選びます。

次の単語の選択肢は、一般的なLLMで数万語あります。たとえば、Meta開発のLLaMA-2

---

2 (Jurafsky and Martin 2024)
3 もしくはNext-Token Predictionと呼びます。

は、3万2000個の語彙を持っています[4]。つまり、3万2000語の中から「適切な次の単語」を1つ選ぶのです。もちろん、1つの単語を予測しただけでは文は完成しません。上の例であれば「明治維新は1868年に、日本で」で終わってしまいます。したがって、さらに次の単語を予測し続けます。これによって文が完成します。

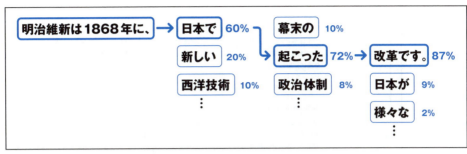

図2-7 文が完成するまで次の単語を予測し続ける

つまり、GPTのようなLLMは、それまでの文脈を理解し、数万語の中から適切な次の単語を選び続けることで、自然な文章を生成しています（図2-7）。

> **ChatGPTで文章生成の様子を確かめてみよう**
> 試しにChatGPT（https://chat.openai.com）に「明治維新とは？」と質問してみましょう。ChatGPTは、少しずつ文章を生成するはずです（図2-8）。ここまでの説明で、ChatGPTがテキストをどうやって生成しているのか、少し理解が深まったのではないでしょうか。

---

4 (Touvron et al. 2023)

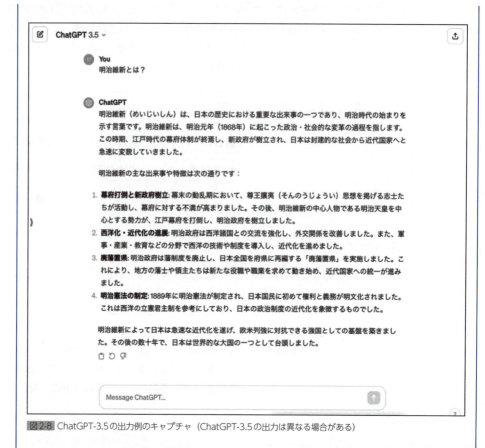

図 2-8 ChatGPT-3.5の出力例のキャプチャ（ChatGPT-3.5の出力は異なる場合がある）

　LLMが次の単語の確率を予測する方法など、より詳細なLLMの仕組みは次章以降で説明します。

2.1.3　テキスト生成の難しさ

　ここまでで、テキスト生成は「数万語の中から適切な単語を選び続ける」と説明しました。この方法は直感的には「シンプルな方法だが難しそう。そんなことができるのか？」と感じるのではないでしょうか。実際、その通りです。

　たとえば「レビュー文を高評価と低評価に分類する」というタスクは、高評価か低評価か、2択を選びます。それと比較すると「数万語の中から、適切な単語を選び続ける」ことがどれだけ難しいかわかるはずです。実際、ChatGPTのように「自然に話し、専門的な質問などにも答えるAI」の実現は、長年にわたって困難だと言われていました。非常に難しいとされていたタスクを実現したからこそ、ChatGPTは革新的だったのです。

> **補足情報** これまでの音声アシスタントとChatGPTの違い
>
> 　Siri（Apple）やAlexa（Amazon）などの音声アシスタントも話すAIですが、ChatGPTなどとは仕組みが異なります。SiriやAlexaは、「アラームを設定して」や「明日の天気は？」といった比較的簡単な命令にのみ対応できます（図2-9）。一方で、専門的な質問や会話はできません。多くの人がSiriやAlexaの「すいません、わかりません」「すいません、それはできません」という反応にうんざりした経験があるのではないでしょうか。
>
>
>
> 図2-9　音声アシスタントのイメージ
>
> 　この原因は、ChatGPTが文章を生成しているのに対して、Alexaなどはユーザーの発言を「アラームの設定」や「音楽の再生」などのどれか予測して、対応した返答をしているからです[5][6]。そのため、想定外の質問には「すいません、わかりません」という返答になってしまいます。

2.2 大規模とは

　ここまでで、LLMによるテキスト生成は「次の単語を予測する」タスクで成り立っていることを説明しました。そして、このタスクが非常に難しいのも理解していただけたと思います。ではどうやって、この困難なタスクを実現したのでしょうか。

　その方法はLLMの「大規模」という文字に隠されています。最先端のLLMは、その大規模さによって汎用的で、かつ高精度なテキスト生成を実現しています。

---

[5] 2023年12月時点。今後、方法がアップデートされる可能性があります。
[6] （FitzGerald et al. 2023）

2.2.1 何が大規模なのか

大規模言語モデルの何が大規模なのかというと、

- 学習するデータ量（単位：トークン数）
- モデルのサイズ（単位：パラメータ数）

の2つが大規模です[7]（トークンとパラメータという用語は次章以降で詳しく説明しますので、ここでは「そういう単位なんだな」と理解してください）。人間でたとえると、モデルのサイズは「脳の大きさ」、学習するデータ量は「学習する教材の量」というイメージです。イメージとしては、LLMは脳の大きさと学習する教材の量が大規模なのです。

簡単に説明すると、LLMは高精度のテキスト生成を実現するために、大量の文章で学習します。学習によって、より自然でより正確なテキストが生成できるようになります（詳細な学習方法については、第4章〜第6章で説明しています）。

図2-10 さまざまな文章が格納された学習データでLLMは学習する

この2つを大規模にした結果、「数万語の中から、適切な単語を選び続ける」という離れ業を実現したのです。実際にどれくらい大規模になったのか見てみましょう。

2.2.2 GPT-1（2018年発表）とLLaMA-2（2023年発表）の比較

ここでは2018年発表のGPT-1と、2023年発表のLLaMA-2を比較して、どれくらいLLMが大規模になったか解説します。

---

7 この2つに加えて「学習計算量」も大規模にしたと説明される場合もあります。

GPT-4ではなく、LLaMA-2を使って説明する理由

　ここでは初期のモデルとしてGPT-1（2018年発表）、最先端のLLMとしてLLaMA-2（2023年発表）を取り上げて、比較しながら解説します。最先端のLLMにGPT-4を使用しない理由は、OpenAIはGPT-4に関する大半の情報を公開していないからです。たとえばGPT-4はモデルサイズも学習データも非公開です。したがって、GPT-4のモデルや学習データについて、詳細な説明は不可能です。

　一方、Meta開発のLLaMA-2は、開発情報やコードを公表しており、性能もGPT-3.5と同等です[8]。これらの理由から、LLMをより正確に、より詳細に説明するためにLLaMA-2を取り上げます。

GPT-1の学習データとモデルサイズ

まずGPT-1について見てみましょう。

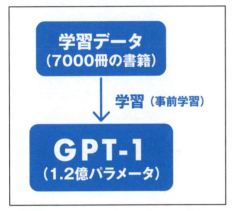

図2-11 GPT-1の学習データ量とモデルサイズ[9]

　GPT-1は、ファンタジー小説や恋愛小説などの7000冊の書籍を学習しています。7000冊と言われても実感がわかないかもしれません。7000冊は、一般的な高校にある図書館の蔵書数の3分の1くらいです（高校の図書館の蔵書数は1校あたり約2万5000冊です[10]）。モデルのサイズ（パラメータ数）は約1.2億となっています（図2-11）。

LLaMA-2の学習データとモデルサイズ

　2023年に発表されたLLaMA-2の学習データは2兆トークン、モデルのサイズ（パラメータ数）は700億です。GPT-1と比較すると図2-12のようになります。

8　(Touvron et al. 2023)
9　(Radford and Narasimhan 2018)
10　令和2年度「学校図書館の現状に関する調査」の結果について（URL:https://www.mext.go.jp/a_menu/shotou/dokusho/link/1410430_00001.htm）

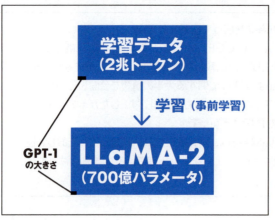

図2-12 GPT-1とLLaMA-2 70Bの比較

　GPT-1と比較してLLaMa-2は学習データ、モデルサイズの両方が遥かに大規模になっていることがわかります。学習データはGPT-1の約250倍[11]、モデルサイズは約580倍に増大しました。このように、大規模言語モデルにおける「大規模」は、

- 学習データ
- モデルのサイズ

が大規模になったことに由来しています。学習データ量とモデルサイズの大規模化が、ChatGPTのような高性能で汎用的なAIを可能にしました。

> **Column　大規模言語モデルのサイズ**
>
> 　大規模言語モデルのサイズは厳密に定義されていませんが、一般的には数百億から数千億以上のパラメータを持つモデルが「大規模」と見なされることが多いです。たとえばOpenAIのGPT-3は約1750億のパラメータ、MetaのLLaMA-2は約700億のパラメータを持ちます（パラメータについては第4章で解説しています）。

11　GPT-1の学習データは7000冊を単語数に概算し、約80億単語として計算しています。LLaMA 2は2兆トークンを2億単語として計算しています。

2.3 大規模化のメリット

最先端のLLMは、GPT-1など初期のモデルより、遥かに大規模になったことを説明しました。ここからは、大規模化のメリットについて詳しく説明します。

大規模にする理由は、LLMは大規模にすればするほど、性能が向上し、新しい能力を獲得するからです。この性能向上と新しい能力の獲得についてそれぞれ説明します。

2.3.1 スケーリング則：大規模化に伴う性能向上

OpenAIとGoogleの研究チームは、LLMにはスケーリング則（Scaling Law）があると報告しています[12,13]。スケーリング則とは、「モデルサイズと学習データ量を大きくすればするほど、LLMの性能が滑らかに上がる」という法則です（図2-13）。たとえばモデルサイズやデータセットサイズを大きくすることで、一般的にLLMの性能が上がるとされています。

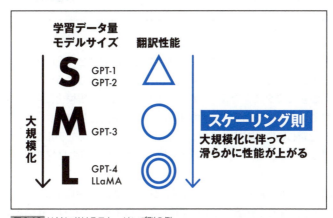

図2-13 LLMにおけるスケーリング則の例

ここまで何度も「LLMは大規模にすればするほど性能が上がる」と説明しました。この説明は、スケーリング則に基づいているのです。

スケーリング則の脅威的な点は、技術革新や創意工夫よりも、単にモデルや学習データ量を増やすことで性能向上する傾向があることです。言い換えれば、モデルや学習データは「質よりも量（大きさ）」なのです。

実際、研究者がアイディアや工夫で努力しても、大企業がさらに巨大なLLMを開発することで、これらの努力を大きく上回る成果を出してしまうケースが見られます。これが一部の研究者が「LLMが登場して、この分野はつまらなくなった」と言っている一因でもあります。

---

12 （Kaplan et al. 2020）
13 （Hoffmann et al. 2022）

2.3.2　創発的能力：大規模化に伴う新しい能力の獲得

創発的能力（Emergent Abilities）とは「大規模化の過程で、LLMがそれまでにできなかったことが突然できるようになる」という現象です。LLMは大規模になっていく過程で、新しい能力を獲得することがあります（図2-14）。

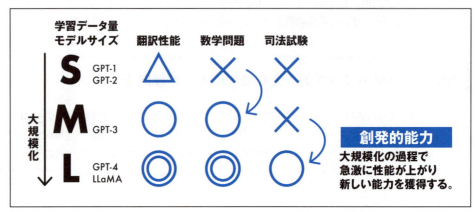

図2-14　LLMにおける創発的能力の例

たとえば、コーディングや数学の文章題は小規模のモデルでは全く解けませんでした。モデルと学習データが大きくなると、突然高い精度で解くことができるようになったのです。このような創発的能力が多くのタスクで報告されています。そして大規模化に伴って新しい能力をどんどん手に入れていくという創発的能力が生んだのが「汎用性」です。

大規模化に伴って新しい能力を多く獲得した結果、LLMは1つのモデルでコーディング、翻訳、文章作成などのさまざまなタスクを実行可能になりました。このLLMの汎用性は非常に画期的なことです。なぜなら、LLMが開発されるまでは、1つのタスクに1つのモデルというのが一般的だったからです。たとえば、翻訳タスクには翻訳専用のモデルが作られました（Google翻訳やDeepLなどの翻訳サイトを想像してもらえるとわかりやすいです）。

スケーリング則では「滑らかに」性能が向上するのに対して、創発的能力では「急激に」性能が向上します。実際のグラフを見てみましょう。

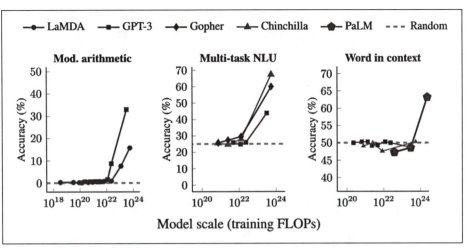

図2-15 多段階の算術演算を実行する能力(左)、大学レベルの試験に合格する能力(中央)、文脈内の言葉の意図された意味を特定する能力(右)
Characterizing Emergent Phenomena in Large Language Models (URL: https://research.google/blog/characterizing-emergent-phenomena-in-large-language-models/)

図2-15のグラフのように、モデルが一定以上大きくなると、急激に性能が向上します。計算タスク(左)、大学試験のスコア(中央)、文脈の意図を特定するタスク(右)で、一定の規模を超えた際に、急激に性能向上していることがわかります。

> **IT企業によるマネーゲーム**
>
> スケーリング則と創発的能力が引き起こしたのは、IT企業が資金をかけてLLMを開発する現象です。これらの法則は「モデルや学習データを大きくすれば、性能が向上し、さらに汎用的になる」ことを示唆しています。
>
> モデルや学習データを大きくするには費用がかかりますが、資金力のある企業からすれば、投資を惜しむはずがないですよね。結果、GoogleやMetaなど大手IT企業が競ってLLMの大規模化を進めています。日本でも、ソフトバンクは3500億パラメータのLLMを開発していると明らかにしています[14]。これはMetaが開発したLLaMA-2の5倍の大きさです。

まとめると、「LLMは大規模にすればするほど性能が上がり、汎用的になる」という説明の裏にはそれぞれ法則が存在します。

- LLMは大規模にするほど、性能が上がる。
  →スケーリング則に基づいている。
- LLMは大規模にするほど、汎用的になる。
  →創発的能力に基づいている。

---

14 国内最大級の生成AI開発向け計算基盤の稼働および国産大規模言語モデル(LLM)の開発を本格開始 (https://www.softbank.jp/corp/news/press/sbkk/2023/20231031_01/)

2.3.4　LLMの性能と汎用性はこれからも上がり続けるか？

GPT-4などのLLMは現時点でも優秀です。もし、LLMをこれからさらに大規模化した場合、どうなるのでしょうか。さらに高性能に、さらに汎用的になるのでしょうか。スケーリング則と創発的能力に基づけば、さらに高性能で汎用的になる可能性があります（図2-16）。

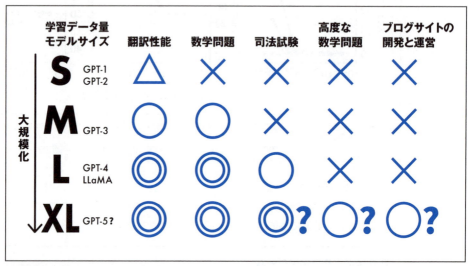

図2-16　LLMをさらに大規模にすればもっと高性能で汎用的になる可能性がある

LLaMA-2の論文でも、「2兆トークンを事前学習した後でも、モデルの性能は飽和の兆候を示さなかった。」と報告されています[15]。つまり、性能の限界点はどこかにあるが、まだ性能向上の余地があるということです。今後、LLMはさらに高性能、さらに新しい能力を獲得するかもしれません。

一方で、LLMを大規模にし続けるには、いくつかの課題もあります。大規模化のデメリットについて解説します。

2.4　大規模化のデメリット

2.4.1　LLMの開発費用の増大

モデルサイズと学習データが大きくなった影響で、LLMの開発には数億円以上かかると言わ

15　(Touvron et al. 2023)

れています。OpenAIの共同創設者サム・アルトマン氏は、GPT-4の開発費用は1億ドル（約150億円）以上だと答えました[16]。今後も大規模化が進めば、開発コストはさらに膨大になるでしょう。

コストの増大は、個人・研究機関によるLLMの開発をほぼ不可能にしました。研究機関で数億円を使用できる機関は限られています。そのため、資金力のあるIT企業が主体となって、LLMの開発を進めているのが現状です。

2.4.2 学習データの枯渇

学習データの枯渇も指摘されています[17]。LLMの学習には、Webサイトや書籍などの大量の文章が使用されています。ある研究では、高品質な学習データは2026年までに枯渇すると予想されています。高品質な学習データが枯渇すれば、LLMの大規模化は停滞する可能性があると懸念されています。

> **本章のポイントと次のステップ**
>
> 本章では、大規模言語モデルの「大規模」と「言語モデル」について解説しました。LLMは高性能で汎用的と言われる理由が見えてきたのではないでしょうか。次章では、ここまで何度も出てきた学習について詳しく解説します。
>
> **大規模言語モデルの「言語モデル」とは**
> - 言語モデルという名前は、言語モデリングを行うことから由来している。言語モデリングとは、文脈に基づいて適切な単語を予測すること。
> - LLMは、文脈を理解して、次に続く単語を一語ずつ予測して、文章を生成する。
>
> **大規模言語モデルの「大規模」とは**
> - LLMは学習するデータ量とモデルサイズが大規模であることから、「大規模」言語モデルと呼ばれている。
> - 2018年発表のGPT-1と比較して、2023年発表のLLaMA-2は、学習データ量もモデルサイズも数百倍に増加。
>
> **大規模化によるメリット**
> - **スケーリング則**：LLMは大規模にするほど、性能が向上する。
> - **創発的能力**：LLMは大規模にする過程で新しい能力を獲得する。
> - **将来の進化**：LLMがさらに大規模化することで、さらに高性能かつ汎用的なLLMの開発が期待されている。
>
> **大規模化によるデメリット**
> - **開発費用の増加**：LLMの開発には膨大な費用がかかり、OpenAIは150億円以上の費用をかけたと言われている。
> - **データの枯渇**：LLMの学習に必要なデータ量が増加するにつれて、利用可能なデータの枯渇が懸念されている。

---

16 https://www.forbes.com/sites/craigsmith/2023/09/08/what-large-models-cost-you--there-is-no-free-ai-lunch/?sh=1b2cbe314af7
17 (Villalobos et al. 2022)

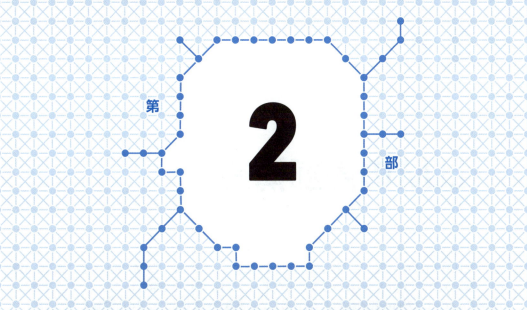

第2部

LLMの仕組みを理解する

　学習、パラメータ、Transformer。これらの用語を聞いたことがありますか？「聞いたことはあるが、まだあまり理解できていない」という方も多いのではないでしょうか。これらの用語は、LLMの仕組みを理解するためには欠かせません。

　第2部では、LLMの仕組みについて解説します。さきほど挙げた学習、パラメータ、Transformerといったキーワードに触れつつ、以下の順番で解説します。

- **3章-4章**：LLMの仕組みの全体像
  LLMの仕組みの全体像として、LLMの内部構造や、学習とパラメータの関係などを解説します。
- **5章-6章**：LLMの学習方法について
  LLMの学習方法3ステップを順番に解説します。
- **7章**：Transformerについて
  LLMの基盤的なアーキテクチャであるTransformerについて解説します。

　第3部を読めば、LLMの仕組みと重要な用語を学ぶことができ、LLMに関する最新情報やドキュメントの理解度がぐっと上がるはずです。

　LLMの仕組みには難しい部分もありますが、第2部を通して1つずつ理解していきましょう。もし難しいと感じたら、先に第3部または第4部を読み、その後に第2部に戻って読んでも問題ありません。

第3章 LLMの内部構造

　LLMの仕組みと聞いて「難しそう」と思ったかもしれません。LLMが難しく感じるのは「得体の知れないもの（いわゆるブラックボックス）」だからではないでしょうか。確かに、ChatGPTなどは一般的なアプリと比較して、どうやって動いているのか想像しづらいですよね。

　そこで本章では、LLMの仕組みの全体像を理解するために、**LLMの中身**を見てみましょう。LLMのソースコードや、使用される要素について解説します。LLMの内部構造を知り、どんな処理が行われているか知れば、LLMへの理解がぐっと進むでしょう。

　具体的には、ソースコードが公開されているLLaMA-2を例に、

- LLMは何で構成されているか
- LLM内部でどのような処理が行われているか

について解説します。

> **［復習］LLaMA-2とは**
> 　LLaMA-2は、Meta社が開発した最先端のLLMです（第1章のコラムでも触れました）。LLaMA-2は、OpenAIやGoogleが公表していない、詳細な開発情報とソースコードを公開しています。そのため、本章を含むLLMの解説では多く取り上げます。LLaMA-2の入手方法は本章後半の「補足情報　LLaMA-2のダウンロード方法」で説明しています。

3.1 LLaMA-2の中身

3.1.1 LLaMA-2はPythonで動いている

LLaMA-2のソースコードはGithubで公開されており、プログラムはPythonで実装されています[1]。

LLaMA-2のコードを実行すると、ChatGPTのようにチャット形式で対話できます（図3-1）。

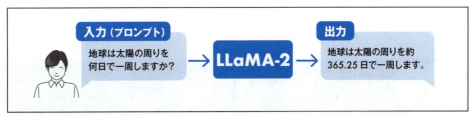

図3-1 LLaMA-2はプロンプトを受け取り、新たにテキストを生成する

図のように、LLaMA-2は「プロンプトを受け取り、テキストを生成する」というLLMの最も基本的な機能が実装されています。では、この機能を実装するために、LLaMA-2は何で構成されているか見てみましょう。

3.1.2 LLaMA-2の主要要素

LLaMA-2の主な構成要素は以下の3つです[2]。パラメータとトークナイザという用語は、後で詳しく解説します。

1. Pythonコード（合計約1000行）
2. パラメータ
3. トークナイザ

LLaMA-2では、Pythonコードが実行されると、テキスト生成を開始します。そのテキスト生成の過程で、パラメータとトークナイザという2つの要素を使用します。実際に、この3つの要素は、LLaMA-2ではフォルダやファイルとして保存されています（図3-2）。

---

1 https://github.com/meta-llama/llama
2 主要プログラム以外には、セットアップとデモ用のコード、ドキュメントガイドなどが含まれています。詳細は上記githubを御覧ください。

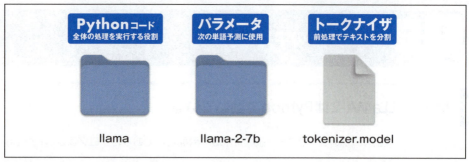

図3-2 LLaMA-2の主な構成要素。左からPythonコードフォルダ、パラメータフォルダ、トークナイザファイル

　LLMの性能の高さや汎用性を考えると、この内部構造はシンプルに感じたかもしれません。以降では、テキストが生成されるまでの過程を解説し、これら3つの要素がどのような役割を果たすか説明します。

3.2 LLMがテキスト生成する流れ

　LLaMA-2は、大まかに3ステップでテキストを生成します（図3-3）。この処理過程で、適宜LLaMA-2のほかのファイル（トークナイザやパラメータファイル）を呼び出して使用します。

図3-3 テキスト生成の処理ステップ

以降では、この3つのステップについて順番に解説します。

3.2.1 ステップ① トークナイザで入力テキストを細かく分割

まず、これ以降の処理をしやすくするために、入力テキストを細かく分割します（図3-4）。

図3-4 トークナイザによるテキストの分割

トークナイザ（Tokenizer）はテキストを細かく分割する役割を持ちます。トークナイザに

はさまざまな種類がありますが、LLaMA-2はSentencePiece3というトークナイザを使用しています[3]。

このようにテキストを分割することを**トークン化（Tokenization）**と呼びます。また、分割された単語やサブワード（単語より小さい単位に分割したもの）を**トークン（Token）**と呼びます。

3.2.2 ステップ② Transformerとパラメータを用いて次の単語を予測

次に、分割したテキストを入力として、LLMの核となる処理、次の単語予測を行います。図3-5では、分割された「日本，の，首都，は」を入力として、次の単語になる確率の高い単語を予測しています。結果、「東京」が次の単語になる確率が80％で最も高いと予測しています。

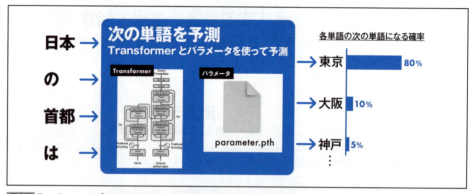

図3-5 Transformerとパラメータを使用し次の単語を予測

LLMは、複雑な演算を行い、各単語の次に来る確率を導いています。この時に使われるのが、**Transformer**アーキテクチャと**パラメータ**です。Transformerは単語予測のための枠組み（アーキテクチャ）で、パラメータは枠組みの中で使用する設定値のようなものです。この2つは、LLMにおいて非常に重要なため、本書では第4章から第6章でパラメータについて、第7章でTransformerについて解説します。Transformerとパラメータは、LLMがどれだけ正確に次の単語を予測できるか、つまりテキスト生成の精度に直結する重要な要素です。この2つがLLMの核となる部分と言えます。

3.2.3 ステップ③ 予測結果をもとに次の単語を選択し、結合

ステップ②で出力した予測結果をもとに、次の単語を選び入力テキストに結合します（図3-6）。図では「東京」を次の単語として選び、入力テキストの「日本の首都は」に結合します。

3（Kudo and Richardson 2018）

結果、「日本の首都は東京」というテキストが生成されます。

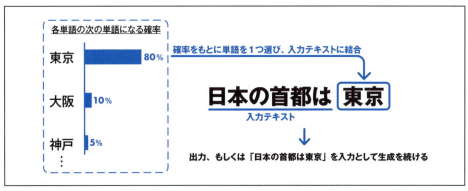

図3-6 予測結果をもとに単語を選択、結合

この例では「東京」という1つの単語を生成しただけですが、さらにテキストを生成し続けることも可能です。その場合は「日本の首都は東京」を入力テキストとして、次の単語を予測します（図3-7）。

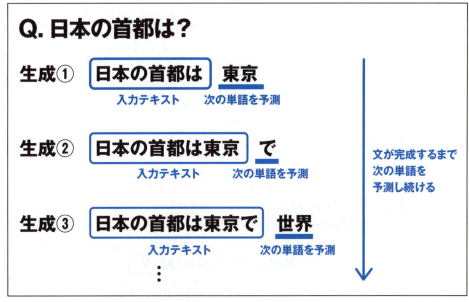

図3-7 次の単語予測を連続で行うことで文を生成する

第2章でも説明した通り、LLMは単語を1つずつ予測し続けることで、長い文章を生成します。

> **補足情報** 単語を選ぶ他の方法
>
> 図3-6の例では、最も確率の高い「東京」という単語を選びました。最も確率の高い単語を選ぶのは、正確なテキストを生成できる一方、物語や会話テキストを生成させると堅

苦しく不自然な文章になりがちです。そこで、より創造的なテキストを生み出すために、以下のような手法があります。予測結果から単語を選ぶプロセスはサンプリング（Sampling）と呼ばれます。

- 温度サンプリング（Temperature Sampling）

温度サンプリングは、サンプリングのランダム性を調整する手法です。例として「私の好きな食べ物は」の場合を考えてみましょう。

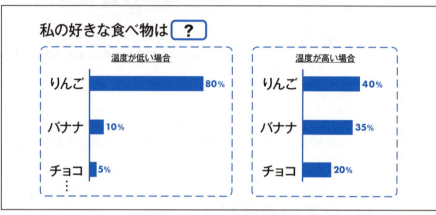

図3-8 温度サンプリングの例

温度が低い設定では、高確率の「りんご」が選ばれる可能性が高まります。逆に、温度が高い設定では、「バナナ」や「チョコレート」など、比較的確率の低い単語も選ばれる可能性が増します（図3-8）。温度を上げることで、より多様で創造的なテキストが生成されるようになります。

- Top Kサンプリング

Top Kサンプリングは、確率が上位K個に入る単語の中から選ぶ方法です。たとえば、Top Kを2に設定した場合、「りんご」と「バナナ」の上位2単語だけがサンプリング対象となり、「チョコレート」は考慮されません（図3-9）。この手法は高確率の単語を優先しつつ、生成されるテキストの変動を抑える効果があります。

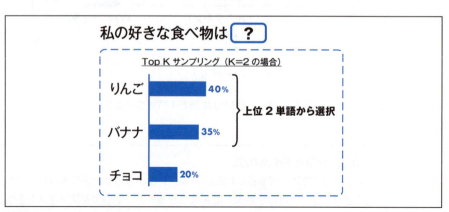

図3-9 Top Kサンプリングの例

これらはLLMのAPIの設定値として取り入れられています。そのため、LLMのAPIを使用したことがある人は、「温度」や「Top K」という単語を聞いたことがあるかもしれません。これらの値を用途に応じて調整することで、テキスト生成の一貫性や創造性を調節できます。

3.2.4　テキスト生成の過程まとめ

　ここまで説明したLLMの処理ステップをまとめると図3-10のようになります。図のような3つのステップで、LLMはテキストを生成しています。

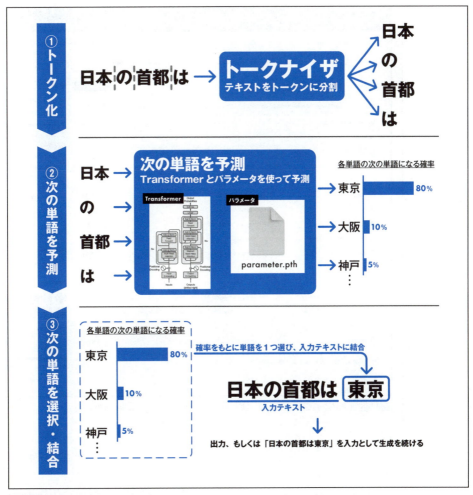

図3-10　テキスト生成の処理ステップまとめ

　次の章では、最も重要なステップ、「②次の単語を予測」について、より深掘りしていきます。

> **補足情報** LLaMA-2のダウンロード方法

　本章の説明に使用したLLaMA-2は、以下の手順で無料でダウンロードできます。ただ注意として、パラメータとトークナイザーを取得するためにはMeta社への申請が必要です（*以下の手順は2023年12月時点のものです。最新情報はMeta公式ページを参照してください）。

1. Github(https://github.com/meta-llama/llama)にアクセス。パラメータとトークナイザー以外は、このGithubページで入手できます。URLにアクセスすると以下の画面が表示されます。

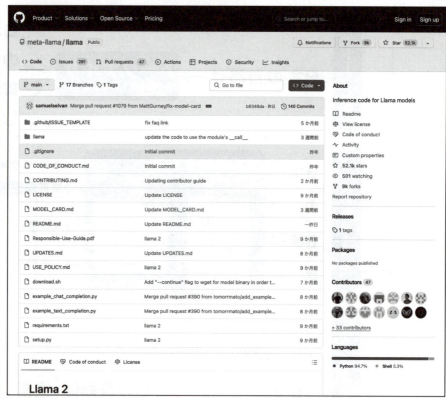

図3-11　LLaMA-2のGithubページ（URL:https://github.com/meta-llama/llama）

2. Githubでは公開されていないパラメータとトークナイザーはMeta公式のLLaMA
ホームページ（https://llama.meta.com）から申請する必要があります。

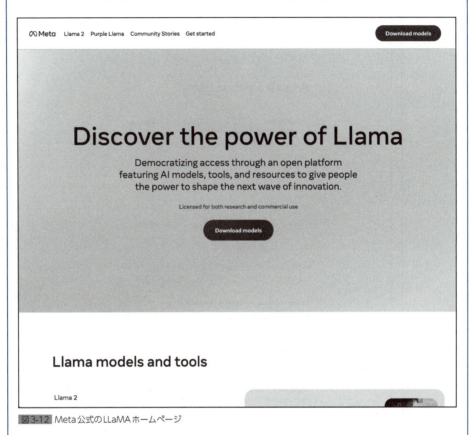

図3-12 Meta公式のLLaMAホームページ

3. サイト右上に表示されているDownload ModelsをクリックしLLaMA-2を申請します。

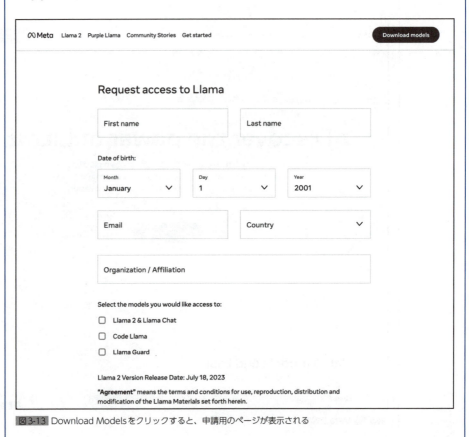

図3-13 Download Modelsをクリックすると、申請用のページが表示される

4. 申請がMetaに承認されると、Metaからメールが送信されます。メールの指示に従い、パラメータとトークナイザをダウンロードします。これでLLaMA-2のダウンロードは完了です。

本章のポイントと次のステップ

本章では、LLMの内部構造について解説しました。LLMの内部に何があり、どのような処理が行われているのかを理解できたと思います。第4章では、LLMにおける重要な要素「パラメータと学習」について解説します。

LLMの内部構造

LLMの主な構成要素は以下の3つ。
- **Pythonコード**：テキスト生成などLLM全体の処理を実行する
- **パラメータ**：LLMによる次の単語予測で使用される
- **トークナイザ**：LLMにおける前処理として、テキストを分割する

LLM内部で行われている処理

1. **トークン化**：トークナイザを使って、入力テキストを細かく分割
2. **次の単語を予測**：Transformerアーキテクチャとパラメータを使用し、次の単語になる確率の高い単語を予測
3. **次の単語を選択・結合**：予測結果をもとに、次の単語を選択し入力テキストと結合。結合したテキストを出力する、もしくはテキスト生成を続ける

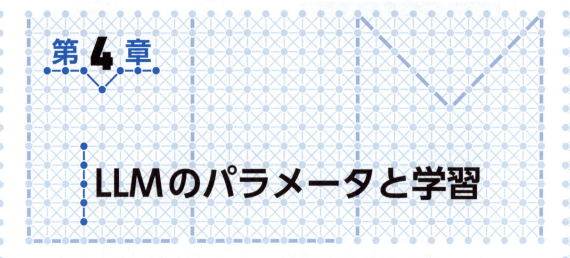

第4章 LLMのパラメータと学習

第3章までで説明した通り、LLMはTransformerとパラメータを使って次の単語を予測します（図4-1）。

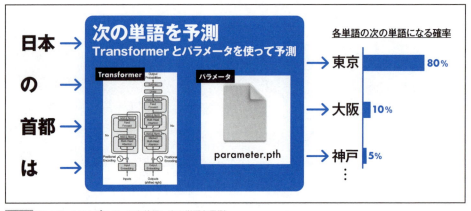

図4-1 Transformerとパラメータを使用し次の単語を予測

本章では、まずパラメータについて解説します（Transformerについては第7章で説明しています）。パラメータは、LLMの性能を左右する重要な要素で、ニュースでもよく耳にするかもしれません。たとえば「楽天グループが70億パラメータの日本語に最適化したLLMを公開[1]」、「ソフトバンク、2024年内に3,500億パラメータの国産LLMを構築[2]」というように取り上げられています。

このようなニュースでは多くの場合、パラメータは「LLMの大きさを表す指標」として使用されています。しかし、パラメータがどんな役割を担っているかを知っている人は意外と少ないかもしれません。

---

1 https://corp.rakuten.co.jp/news/press/2024/0321_01.html
2 https://www.softbank.jp/corp/news/press/sbkk/2023/20231031_01/

本章では、以下のトピックを通して、パラメータについて学んでいきましょう。

- パラメータとは
- パラメータと学習の関係
- LLMの学習ステップ

4.1 パラメータとは

　LLMが次の単語予測をする際、LLM内部では複雑な演算が行われています。その演算で使用されるのがパラメータと呼ばれる「数値の集まり」と、Transformerアーキテクチャです。この2つは重要ですが、同時に理解が難しい概念でもあります。

　ここでは数式を使わず、LLMにおいて、パラメータとTransformerがどのような役割を果たしているか解説します。

> **Transformerについての補足**
>
> 　説明を進める前に、Transformerについて少し補足します。テキスト生成では元祖Transformer（図4-2の左側）の派生型である、「Decoder-only Transformer（図4-2の右側）」が一般的に使われます。具体的な名前を覚える必要はありませんが、以降の説明では右側の図のTransformerを使用しています。
>
>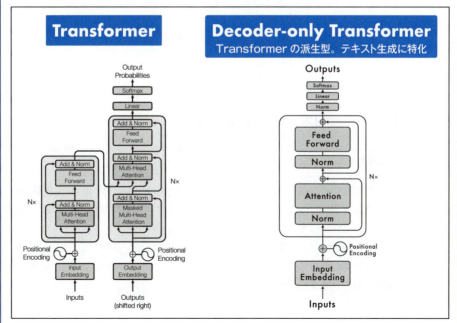
>
> 図4-2　Transformer[3]と、テキスト生成に特化した派生型（Decoder-Only Transformer）　＊LLMによって同じDecoder-Only Transformerでも構造が少し異なる場合があります。

---

3 Transformerの図の引用元：(Vaswani et al. 2017)

4.1.1　LLM内部の「次の単語予測」で行われていること

第3章では、「LLMはTransformerとパラメータを使って次の単語を予測する」と少し抽象的に説明しました。ここでは、そのプロセスをもう少し詳しく見てみましょう。

Transformer内部では、入力テキストを段階的に処理し、次の単語を予測します（図4-3）。図の例では「日本　の　首都　は」を入力し、段階的な処理を経て、次に来る可能性の高い単語を予測します。

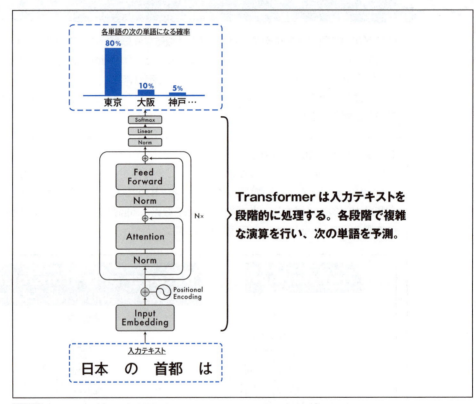

図4-3　Transformerによる次の単語予測

この処理の各段階では、入力の埋め込み（Input Embedding）や注意層（Attention）など、さまざまな重要な演算が行われています。どのような演算が行われるかを説明すると複雑になるため、ここでは先に全体像を説明します。

Transformerの図は難しく感じるかもしれませんが、実際のコードと照らし合わせてみるとぐっと理解が進みます。LLaMA-2では、Transformer内部の処理はmodel.pyファイルにて、実装されています（図4-4）。

図4-4 LLaMA-2のTransformer内部の処理はmodel.pyファイルにPythonで定義されている。画像はmodel.pyファイルの一部

このPythonファイルを見ると、Transformerの各段階に対応したPythonコードが書かれています。たとえば、Transformer内部の「FeedForward（全結合層）」と「Attention（注意層）」には、対応したクラスが定義されています（図4-5）。

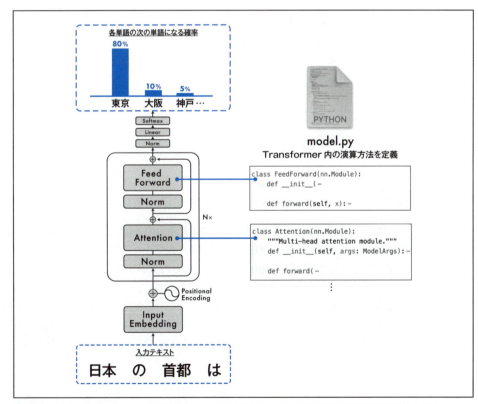

図4-5 model.py内のPythonコードはTransformerの図と対応している（各クラスの関数部分は省略されている）

図では2つの部分のみを対応させていますが、他の部分にも対応した関数やクラスなどが定

義されています。処理の順番も図と一致しており、図の下にある段階から順番に処理されます。

　Transformerの図は一見難解な図に見えますが、コードと照らし合わせると一種のフローチャートのようなものと捉えることができます。図の下から順に、Input EmbeddingやAttentionといった処理を段階的に実行していくイメージです。ただし、一般的なプログラムとは異なり、Transformerではパラメータを使用します。

　以降では、Transformerの内部処理で、パラメータがどう使われるか見ていきましょう。

4.1.2　パラメータファイルの中身

　LLMのパラメータファイルの中身は、大量の数値です（図4-6）。図を見ると、[-0.0010, 0.0004, ..., -0.0003, 0.0010]というように多くの数値が省略されて表示されていますよね。この数値1つ1つがパラメータと呼ばれるもので、このパラメータの総数が「パラメータ数」と呼ばれます。たとえばLLaMA-2-70bは700億パラメータを持つため、パラメータファイルには700億個の数値が保存されています。

```
Layer Name: feed_forward.weight
Parameter Size: torch.Size([512, 2048])
Values:
tensor([[-0.0010,  0.0004, ..., -0.0003,  0.0010],
        [ 0.0005, -0.0011, ...,  0.0002, -0.0008],
        [-0.0002,  0.0008, ..., -0.0001,  0.0014],
        ...,
        [ 0.0012, -0.0009, ...,  0.0008, -0.0011],
        [ 0.0003, -0.0010, ..., -0.0002, -0.0004],
        [-0.0007,  0.0013, ...,  0.0009,  0.0005]], dtype=torch.float16)

Layer Name: attention.wq.weight
Parameter Size: torch.Size([2048, 2048])
Values:
tensor([[ 0.0011, -0.0022, ...,  0.0008, -0.0010],
        [-0.0003,  0.0016, ..., -0.0017,  0.0009],
        [ 0.0014, -0.0007, ...,  0.0011, -0.0013],
        ...,
        [ 0.0002, -0.0010, ..., -0.0003,  0.0004],
        [-0.0008,  0.0012, ..., -0.0010, -0.0002],
        [ 0.0009, -0.0011, ...,  0.0006,  0.0012]], dtype=torch.float16)
```

図4-6 LLMのパラメータの中身のイメージ[4]

　では、この数値の集まりをLLMはどうやって使うのでしょうか。ここで登場するのが先ほど紹介したTransformerです。パラメータファイルをよく見ると、Layer Nameでパラメータがtransformerのどの部分で使用されるかが書かれています。たとえば、図4-6の上部にあるLayer Nameは、「feed_forward」となっています。

　つまり、Transformerの各処理と各パラメータは紐づいています（図4-7）。図では、Transformerの全結合層（Feed Forward）と注意層（Attention）を例に、各段階の処理を定義するPythonコードと、その処理で使用されるパラメータを紐づけています。

---

[4] LLaMA-2のパラメータを基に擬似的なパラメータファイルを作成しています。LLaMA-2のパラメータのアクセスには申請が必要です（詳しくは第3章後半部で説明しています）。

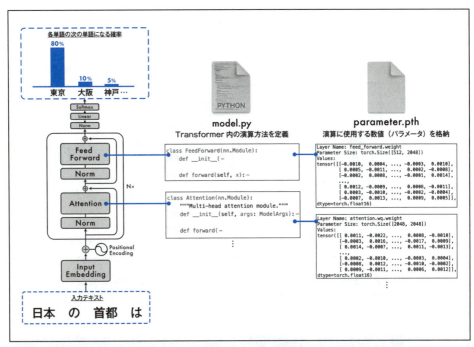

図4-7 Transformer内部の処理はmodel.pyで定義され、model.pyは演算に該当するパラメータを使用する。図では例として全結合層（Feed Forward）と注意層（Attention）を紐づけている

まとめると、Transformer内部では入力テキストを段階的に処理し、次の単語を予測しています。各段階の処理方法はPythonコードで定義されており、いくつかの処理ではパラメータと呼ばれる数値を使用して演算が行われます。Transformerは「テキストをどうやって処理するか？」を決める枠組み、パラメータはその処理内で使用される値のようなものです。

4.2 パラメータと学習の関係

ここまでの説明で、Transformerとパラメータは相互に関係しており、どちらも重要な役割を持つことをわかっていただけたと思います。次は、そのパラメータをどのように獲得するのか、つまり**学習**について見ていきましょう。

LLMは膨大な数のパラメータを使って、次の単語を予測します。正しい予測をするためには、パラメータファイルに含まれる大量の数値（パラメータ）を適切に調整する必要があります。

学習とは、LLMが大量のデータを使ってパラメータを繰り返し調整し、予測の精度を高めるプロセスです。このプロセスを通じて、モデルは次第に「賢く」なり、より正確な応答を生成できるようになります（図4-8）。

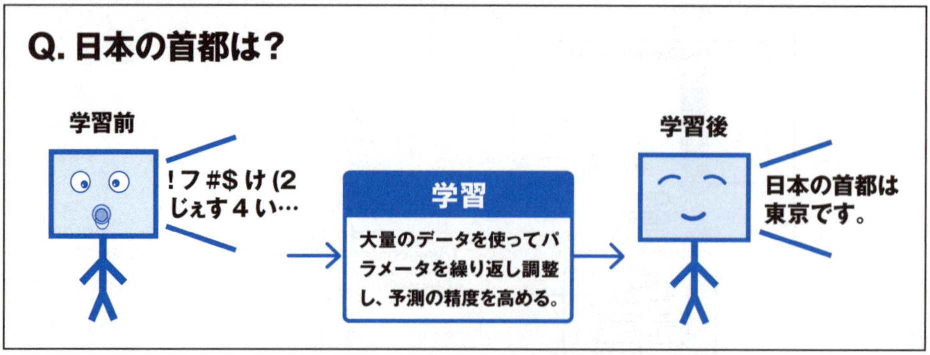

図4-8 学習によってパラメータを適切に調整することで、LLMは正確なテキスト生成が可能になる

　学習前と学習後でTransformerという枠組み自体は同じですが、内部のパラメータが異なります。図では、学習前のLLMは意味不明な文章を生成していますが、学習後には正しい回答を生成していますよね。これは、学習前はパラメータが初期化されており、予測精度が低いためです。学習を通じてパラメータが調整され、予測が正確になることで、学習後のLLMは正しい回答を生成できるようになります。次の節では、この学習過程について概説します。

4.3 LLMの学習ステップ

　ここまで説明した通り、学習ではパラメータを繰り返し調整し、テキスト生成の精度向上を目指します。ChatGPTのようなLLMは、3種類の学習方法を使って、段階的に学習します。

> **3つの学習ステップ**
> 学習ステップ①　事前学習（Pre-training）
> 学習ステップ②　ファインチューニング（Fine-tuning）
> 学習ステップ③　ヒューマンフィードバック（Human Feedback）

　この3つの学習ステップは、それぞれ異なる目的を持ち、使用するデータと学習方法も異なります。ここからは、各学習ステップの概要を説明します。それぞれの詳しい学習方法については、第5章と第6章で解説しますので、ここでは大まかな流れを理解しましょう。

4.2.1　学習ステップ①　事前学習

　事前学習（Pre-training） では、LLMの基盤的な能力である「テキストを生成する能力」の獲得を目指します。具体的には、膨大なテキストデータを使用し、「正確で自然な」テキスト生成を目指します。

　たとえば、図4-9では「スティーブ・ジョブスの母親は？」という質問に対して、事前学習

前と後のLLMが答えています。事前学習前は意味のある文章を生成できませんが、事前学習によって正確なテキストを生成する能力を得ています。

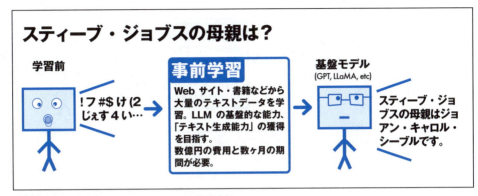

図4-9 学習前のLLMと、事前学習を行った後の基盤モデル

事前学習は人間で言うところの、小学校から高校までの基礎教育にたとえることができます。さまざまな分野の教材（学習データ）を使用して、さまざまな質問に答えるための基礎知識を得ます。

事前学習が完了したLLMを、**基盤モデル（Foundation-model[5]）**と呼びます。主な基盤モデルには、GPT-3.5やGPT-4、LLaMA-2が挙げられます。この基盤モデルの時点で、正確なテキストを生成できますが、ChatGPTのようなチャットサービスには使えません。なぜなら、以下のような課題があるからです。

- 対話形式の学習が不足している
- 答えてはいけない質問（不適切な質問）にも答えてしまう

たとえば「爆弾の作り方は？」といった不適切な質問にも、基盤モデルは正確で自然な文章で答えてしまいます。ChatGPTのようなチャットサービスで使うには、このような不適切な質問には答えないようにする必要がありますよね。

つまり基盤モデルは、「基礎能力は高いが、倫理的な部分などで修正が必要なモデル」と言えます。この問題を解決するのが次のステップ、**ファインチューニング**です。

4.2.2　学習ステップ②　ファインチューニング（Fine-Tuning）

ファインチューニング（Fine-Tuning）では、LLMを特定のタスクや分野に特化させることができます。たとえば、基盤モデルに「対話形式」に特化したファインチューニングを行うことで、ChatGPTのようなチャットモデルを開発できます（図4-10）。

5　Base-modelと呼ばれる場合もあります。

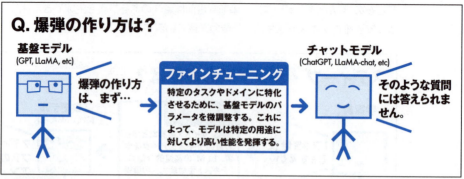

図 4-10 基盤モデルから特化モデルへのファインチューニング（Fine-tuning）

　対話に特化したChatGPT以外にも、金融分野に特化したBloombergGPT[6]、法律分野に特化したChatLaw[7]など、さまざまな特化モデルが存在します。本書では、特にChatGPTのようなチャットモデルに焦点を当て、どのようにファインチューニングが行われるかを解説していきます。

　事前学習では「正しく自然な文章」の生成を目指しましたが、チャットサービスに使うにはいくつかの問題点がありました。

　チャットモデルは「正しい」だけでなく、チャットモデルとして「好ましい」文章の生成が求められます。具体的には、以下のように好ましい回答ができるように学習します。

- **倫理的に問題がある質問には答えない**
  「そのような質問には答えられません」というように返答を拒否する。
- **箇条書きや見出しを使って、わかりやすく答える**
  「歯磨きのポイントは、2つに分けられます。1. 〜〜。2.〜〜。」というように、ユーザーにわかりやすいように情報を整理して返答する。

4.2.3　学習ステップ③　ヒューマンフィードバック

　最後の学習ステップであるヒューマンフィードバック（Human Feedback）では、さらに好ましい返答ができるよう学習します。

6　(Wu et al. 2023)
7　(Cui et al. 2023)

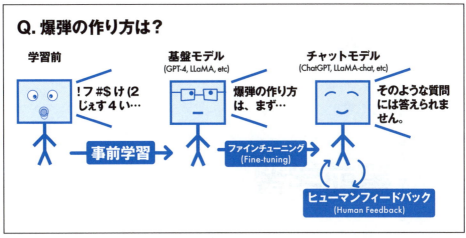

図4-11 チャットモデルは不適切な質問には答えないよう学習する

　あなたは、ChatGPTでGoodボタンやBadボタンを押したことがありますか？ ヒューマンフィードバックでは、そのような人間からのフィードバックを用いて、より優れた返答ができるよう学習します。特にLLMではヒューマンフィードバックによる強化学習（Reinforcement Learning from Human Feedback, RLHF）という方法が使われるのが一般的です。ファインチューニングとヒューマンフィードバックについては、第6章で詳しく解説します。

本章のポイントと次のステップ

　本章では、LLMにおけるパラメータと学習について解説しました。具体的には、パラメータと学習の関係、LLMの学習ステップを紹介しました。5章では、最初の学習ステップである事前学習について解説します。

パラメータとは
- LLMは、パラメータを使用した複雑な計算を行う。これによって、各語彙の確率値を出し、最も次に来そうな単語を予測する。
- 予測の精度を高めるためには、パラメータを適切に調整する必要がある。
- パラメータを繰り返し調整し、予測精度を高める過程を学習と呼ぶ。

チャットLLMの学習ステップ
- 学習ステップ①　事前学習（Pre-training）
  大規模かつ広範なデータを使って、正確で自然なテキスト生成を学習する。
- 学習ステップ②　ファインチューニング（Fine-tuning）
  不適切な回答をしない、わかりやすい文章構成など、チャットモデルとして「好ましい」文章を生成できるよう学習する。
- 学習ステップ③　ヒューマンフィードバック（Human Feedback）
  実際のユーザーからのフィードバックを取り入れ、LLMがより好ましい回答を生成できるように追加の学習を行う。

第 5 章

事前学習

前章では、LLMの学習プロセスを大きく3つのステップに分けて紹介しました。

> **3つの学習ステップ**
> 学習ステップ①　事前学習（Pre-training）
> 学習ステップ②　ファインチューニング（Fine-tuning）
> 学習ステップ③　ヒューマンフィードバック（Human Feedback）

本章では、最初の学習ステップである**事前学習（Pre-training）**について解説します。事前学習では、Webサイト・書籍などから大量のテキストデータを学習します。この学習で、LLMは「テキスト生成能力」を獲得し、自然な文章を生成できるようになることを目指します。

事前学習を終えたモデルは基盤モデル（Foundation Model[1]）と呼ばれ、LLMの基盤的なテキスト生成能力を持っています。図5-1では例として、「スティーブ・ジョブスの母親は？」という質問に対する、学習前と基盤モデルの出力を比較しています。学習開始前のLLMは意味のある文章を生成できませんが、事前学習によって正確な文章を生成する能力を得ます。

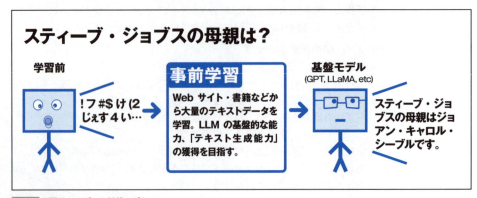

図5-1　学習前のモデルと基盤モデル。

---

1 Base Modelと呼ばれることもあります。

代表的な基盤モデルにはGPT-3.5やGPT-4などのGPTモデル、LLaMA-2などが挙げられます。次章で説明しますが、基盤モデルであるGPTをチャットに特化させたのがChatGPTです[2]。本章では事前学習を3つのトピックに分けて解説します。

1. 事前学習の目的
2. 事前学習の方法と費用
3. 事前学習に使われるデータ

5.1　事前学習の目的

5.1.1　次の単語予測の精度を高める

　先程、事前学習では「テキスト生成能力」の獲得を目指すと説明しました。では、テキスト生成能力とは何でしょうか。第2章で説明した通り、テキスト生成は「次の単語を予測する」という小さいタスクに分解できます。たとえば、「日本の首都は？」と聞かれた場合、LLMの裏側では図5-2のように次の単語を1つずつ予測しています。

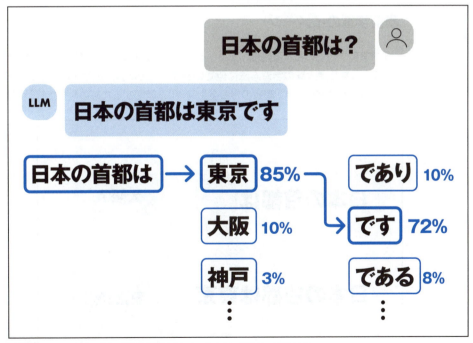

図5-2　テキスト生成は「次の単語を予測する」という小さいタスクに分解できる

2　https://openai.com/blog/chatgpt

次の単語を正しく予測できれば、LLMは正確で自然な文章を生成できます。図5-2の場合、日本の首都は「東京」と正しく予測していますが、誤って「大阪」と予測した場合、「日本の首都は大阪です」という誤った文章を生成してしまいます。

つまり、LLMがどれだけ正確な文章を作れるかは、「次の単語予測」の精度に大きく依存します。ChatGPTのように強力なテキスト生成能力を持つLLMは、この予測の精度を極限まで高めているため、私たちが会話しているときに、自然で一貫性のある返答ができるのです。

この「次の単語を予測する」精度を高めることが、事前学習の目的です。事前学習を通じて、LLMは膨大な量のデータから次に来るべき単語を学習し、より正確な文章の生成を目指します。

5.2 事前学習の方法

まず、事前学習でどんなことが行われているか説明します。LLMは大量データを学習しますが、ここでは理解しやすくするために「日本の首都は東京」という一文だけを学習する場合で考えてみましょう。「日本の首都は」に続く、「東京」という単語を予測できるように学習します。

5.2.1　事前学習のイメージ

まず事前学習で行われる処理のイメージを理解しましょう。事前学習で行われる処理は、図5-3のような私達人間の学習方法に似ています。この学習方法は暗記したい部分を手で隠し、隠した答えを予測します。読者の方も学生時代に、暗記するためにやった経験があるはずです。

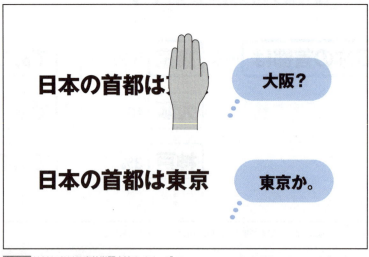

図5-3　LLMにおける事前学習方法のイメージ

この学習方法は、4つのステップから成り立っています（図5-4）。まず「日本の首都は東京」の答えに当たる「東京」を隠します。次に、手で隠した部分を予測します。そして答えを確認し、答えと予測が異なっていたら、記憶を修正します。このように、答えを予測する訓練を繰り返し行うことで、正しい知識を学びますよね。

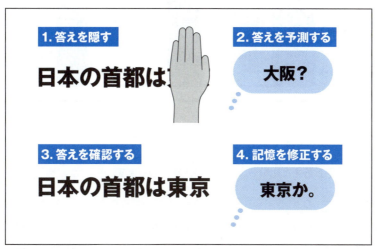

図5-4 次の単語予測による事前学習のイメージの詳細なステップ

　LLMの学習では、この4段階のステップを機械的に行っていると捉えることができます。

1. 答えを隠す：入力データと正解ラベルの準備

　まず「日本の首都は東京」という学習テキストを分割し、「日本の首都は」を入力テキスト、「東京」を答えとして保存します（図5-5）。

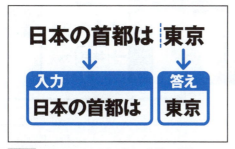

図5-5 学習テキストを入力と答えに分割して保存する

2. 次の単語を予測する

　次に「日本の首都は」という入力から、次の単語を予測します（図5-5）。ここでは、第4章で説明した通り、パラメータとTransformerアーキテクチャを使用して、文脈に基づいて次の単語の確率を計算します。今回は図5-6のように、LLMが正しく予測できず『大阪』が最も確率が高いと予測した場合を考えてみましょう。実際に学習中のモデルは、何度もこのような誤った予測をします。

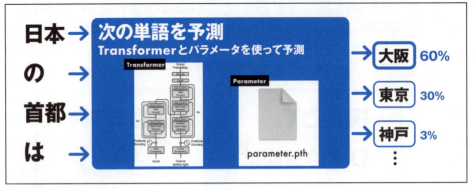

図5-6 事前学習の予測

3. 答えの確認

予測した結果を答えと比較し、予測の精度を評価します。

4. 記憶の修正

予測が誤っていた場合、LLMのパラメータを調整します（図5-7）。人間が記憶を修正するように、LLMはパラメータを調整することで、次に同じ入力が与えられた際により正確な予測ができるようになります。

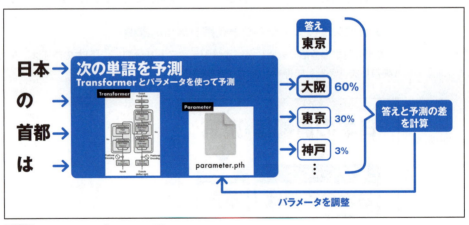

図5-7 事前学習におけるパラメータの調整

このような予測とパラメータの調整を繰り返すことで、LLMは徐々に正確に予測できるようになります。

5.2.2 膨大なデータで繰り返し学習する

ここまでは「日本の首都は東京」という一文を使って、事前学習で行われている処理ステップを説明しました。例では一文のみを使いましたが、実際には膨大な量のテキストを使用して事前学習が行われます。理解を深めるために、もう少し長いテキストで学習する場合を考えてみましょう。

例として、以下のような長めのテキストを学習する場合を考えてみましょう（このテキストは、Wikipediaの『日本の首都』[3]というページから抽出しています。）。

> [Wikipediaの『日本の首都』[4]から抽出されたテキスト]
> 日本の首都は東京都と認識されている。現行の法令には「首都圏」の定義は存在するが（首都圏整備法）「首都」についての定義はなく、また過去においても「首都」という明治以前には一般的でなかった語と伝統的な用語である「都」「京」との関係について明確にされたことがなく、「日本の首都」という語そのものについて議論がある。

前述の例では、『日本の首都は東京』という短いフレーズのみで学習を行いました。長いテキストの場合も同様に入力と答えに分割します（図5-8）。

図5-8 テキストデータを分割し、繰り返し予測、学習する

図のようなデータを使って、以下のように予測とパラメータ調整を繰り返します。

1.「日本の首都は」を入力、「東京」を答えとして予測、パラメータ調整

---

3 https://ja.wikipedia.org/wiki/%E6%97%A5%E6%9C%AC%E3%81%AE%E9%A6%96%E9%83%BD
4 https://ja.wikipedia.org/wiki/%E6%97%A5%E6%9C%AC%E3%81%AE%E9%A6%96%E9%83%BD

2. 「日本の首都は東京」を入力、「都」を答えとして予測、パラメータ調整
3. 「日本の首都は東京都」を入力、「と」を答えとして予測、パラメータ調整

このように一単語づつ、連続で予測することで、1つの文章で何度も予測とパラメータ調整ができます。「次の単語を予測し、パラメータを調整する」というシンプルな学習方法でも、さまざまな文章で繰り返し行うことで、幅広い文脈で次の単語をより正確に予測できるようになります。

上記のような事前学習を、LLMは大規模なデータを用いて学習します。たとえばLLaMA-2は約2兆トークンのデータを使って事前学習します。約2兆トークンを学習する過程で、徐々にテキスト生成の精度が向上していきます。ChatGPTのようなLLMは、膨大なデータを事前学習を経て、自然なテキストを生成しているのです。

Column

LLMは人間のように「理解」しているわけではない

ここで、ちょっとした質問です。坂本龍馬の父親は坂本八平です。では、坂本八平の息子は誰でしょう？もちろん答えは坂本龍馬です。簡単ですよね。

しかし、一部のLLMはこのような質問に正しく答えられないことが報告されています[5]。これは反転の呪い（Reversal Curse）と呼ばれ、ChatGPTでもこの事例は見られます（図）。

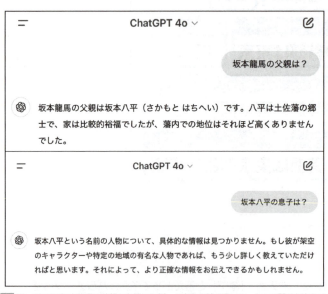

図 ChatGPTに坂本龍馬の父親とを聞いた例　＊実際に試す際には、2つの質問を違うチャットで聞く必要があります。

5 (Berglund et al. 2023)

この原因は、「坂本龍馬の父親は坂本八平」という文はWeb上に多く存在している一方、「坂本八平の息子は坂本龍馬」という文はほとんどないためだと考えられています。そのため、LLMは「坂本龍馬の父親は〜」という文は多く学習しているものの、「坂本八平の息子は〜」はほとんど学習していません。その結果、「坂本八平の息子は」の次に来る単語を正確に予測できないというわけです。

　人間であれば「坂本龍馬の父親は坂本八平」と知っていれば、「坂本八平の息子は坂本龍馬」と確実に答えられますよね。この例は、LLMが人間と同じ知性を持っているように感じても、実際には「次の単語予測」というタスクに依存しており、人間の知性とは根本的に異なることを示唆している良い例と言えるでしょう。

5.3 事前学習のコスト

　事前学習は学習ステップの中でも、特に時間と費用がかかります。実際、事前学習には何億円もの費用と、数週間に及ぶ時間がかかると言われています。なぜ、これほどのコストと時間が発生するのでしょうか。

　その大きな原因は、大規模なモデルを、大規模なデータで学習させるためです。事前学習では、何兆単語ものテキストを使って、次の単語予測とパラメータ修正を膨大な回数繰り返します。これには、膨大なコンピューティングコストが発生します。

　具体的な例として、LLaMA-2-70Bを見てみましょう。Metaの論文によると、最先端のコンピュータ（NVIDIA A100）を使用しても事前学習には合計で約172万時間かかると報告されています（図5-9）。

		Time (GPU hours)	Power Consumption (W)	Carbon Emitted (tCO$_2$eq)
Llama 2	7B	184320	400	31.22
	13B	368640	400	62.44
	34B	1038336	350	153.90
	70B	1720320	400	291.42
Total		3311616		539.00

Table 2: CO$_2$ emissions during pretraining. Time: total GPU time required for training each model. Power Consumption: peak power capacity per GPU device for the GPUs used adjusted for power usage efficiency. 100% of the emissions are directly offset by Meta's sustainability program, and because we are openly releasing these models, the pretraining costs do not need to be incurred by others.

図5-9　LLaMA-2の事前学習のコンピューティングコスト。引用：(Touvron et al. 2023)

　172万時間は約200年に相当しますが、複数のコンピュータを同時に稼働することで数週間から数か月で事前学習を完了できます。それにしても、膨大な時間ですよね。

　次に、この場合のコストを概算してみましょう。例として、AWS（Amazon Web Services）

を使う場合の費用を概算すると、以下のようになります（LLaMA-2で使用されたGPUと同じものが、AWS[6]で提供されています）。

- 1時間あたりのGPUコスト：約5000円[7]
- 総GPU時間：1,720,320時間（LLaMA 2-70Bの事前学習に必要な時間）
- 総コスト：5000円/時間×1,720,320時間＝86億160万円

もしAWSを使ってLLaMA-2を事前学習する場合、約86億円かかるということです。これを聞けば、「LLMの開発には膨大なコストがかかる」と言われているのも納得していただけるのではないでしょうか。

このように事前学習には膨大な時間とコストがかかります。したがって、資金力のある企業でも約1年に一度のスパンで事前学習を行うのが一般的です。

事前学習では、学習時点までのデータの情報しか得られません。ChatGPTなどで「私の知識は2023年〇月までの時点までしかありません。」という注意書きが表示されるのは、その時点までの学習データを使って事前学習したLLMということです（図5-10）。このようなデータの最終更新時点は**知識のカットオフ（Knowledge Cutoff）**と呼ばれます。

図5-10 ChatGPTで表示される注意書き

5.4 事前学習に使われるデータ

ここまでは事前学習の方法とコストについてを説明しました。次に、事前学習に使われる学習データに着目して解説します。学習データの中身とデータセットの収集方法について見ていきましょう。

5.3.1 事前学習に使われるテキストデータの収集方法

高性能なLLMを開発するには、膨大な量のデータが必要です。加えて、データは高品質でなければいけません。なぜなら、低品質なデータの学習は、LLMの性能に悪影響を及ぼすからです[8]。

---

6 AWSのEC2 P4インスタンス（URL: https://aws.amazon.com/jp/ec2/instance-types/p4/）
7 料金は2023年12月時点
8 (Sachdeva et al. 2024)

先ほどの図を使って、事前学習データに誤情報がある場合を考えてみましょう。たとえば学習データ内に「日本の首都は福岡」という誤情報があったとします。LLMが「東京」と正しく予測しても、答えが「福岡」になるため、パラメータが誤って調整されてしまいます（図5-11）。

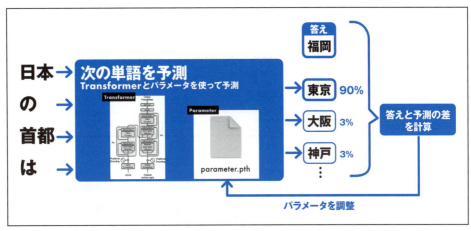

図5-11　答えが間違っていると誤ったパラメータの調整が行われてしまう

　事前学習の効果を高めるためには、このような誤ったデータや、スパムなどの有害なデータを取り除く必要があります。したがって、LLMの学習データは、

1. 膨大なデータの収集
2. 質の低いデータを取り除く（データのクリーニング）

という2ステップで、高品質かつ大量の学習データを収集します。この2ステップを順番に解説します。

5.3.2　膨大なデータの収集

　学習データとして使われるのは、主にWebサイト・書籍・会話データです。データ収集方法には、独自にデータを収集する方法と、公開されているデータセットを使用する方法があります。主要なテキストデータの特徴と、公開されているデータセット例を見てみましょう。

Webサイト

◎ 良い点
Web上には多種多様なテキストデータが存在する。LLMはさまざまな知識を学び、より汎用的な文脈に対応できる。

△ 悪い点

高品質のテキスト（Wikipediaなど）と低品質のテキスト（スパムサイトなど）が混在している。データの質を担保するために、低品質なデータを取り除くのが必須。

■公開されているデータセット例
・CommonCrawl（https://commoncrawl.org/）
最大規模のWebデータセット。データにはノイズや低品質な情報が広く存在するため、利用前にデータの前処理を行う必要がある。
・Wikipedia（https://ja.wikipedia.org/wiki/Wikipedia:Database_download）
Wikipediaデータセット。多様なトピック、多くの言語、情報の信頼性も比較的高いため、GPT-3など多くのLLMに使用されている。

書籍

◎ 良い点
書籍は誤字脱字などが少なく、データが高品質。加えて、書籍は長く一貫した文章を多く含むため、LLMの長文を生成する能力が向上すると言われている。

△ 悪い点
著作権など権利関係の問題から、大量のデータを集めるのは難しい。

■公開されているデータセット例
・BookCorpus（https://huggingface.co/datasets/bookcorpus）
11,000冊以上の書籍データ。ジャンルはさまざまで、冒険、ファンタジー、歴史、科学フィクション、ロマンスなど、幅広い分野の書籍が含まれている。
・Project Gutenberg（https://www.gutenberg.org/）
70,000以上の書籍データ。小説、詩集、エッセイ、歴史書、参考書など、さまざまなジャンルの書籍が含まれている。

会話テキスト

◎ 良い点
会話データを学習することで、LLMはより自然な会話を学習できる[9]。

△ 悪い点
会話データを学習し過ぎると、命令に正しく従わなくなる場合がある。たとえば「今日の天気は？」と聞かれた時に「わかる、私も今日の天気が気になる。」など、命令に答えず会

9（Zhang et al. 2022）

話をしてしまう問題が報告されている[10]。

■公開されているデータセット例
・**OpenWebTextCorpus（https://skylion007.github.io/OpenWebTextCorpus/）**
Redditというチャットサイトから収集されたWebテキストのデータセットで、特に会話形式のテキストが多く含まれている。

LLMの用途に応じて、さまざまな種類のデータを適切に組み合わせます。そのため、使用するデータの種類はLLMによってさまざまです。図5-12の円グラフは、各LLMが使用しているデータの種類の割合を示しています。

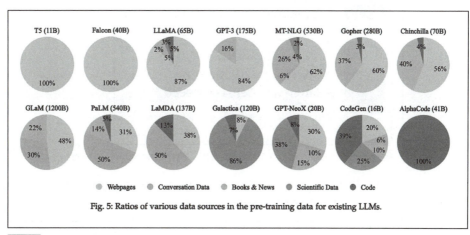

図5-12　LLMの学習データ構成。出典：A Survey of Large Language Models, P14

たとえば、PaLMやLaMDA（図5-12, 左下）などはチャット用に開発されたため、会話データ（Conversational Data）を多く含んでいます。ほかにも、コーディング用のLLMであるAlphaCode（図5-12, 右下）はプログラミングコードのみを学習データに使用しています。

5.3.3　質の低いデータを取り除く（データのクリーニング）が必要な理由

膨大なデータを収集した後は、その中から低品質なデータを取り除きます。我々人間で言うなら、勉強する教材を吟味する、古すぎる教材を取り除くといった作業です。

誤情報以外で問題になるのが、悪意のある文章や偏見を含んだ有害なテキストです。LLMが有害なテキストを学ぶと、LLM自体も悪意や偏見を持った文章を生成してしまう可能性があります。実際に、LLMが悪意ある文章を学習したことによる騒動を紹介します。

10　（Zhang et al. 2022）

> **AIチャットボットの暴走**
>
> 　ChatGPTが発表される6年前、Microsoftは「Tay」というAIチャットボットを発表しました。なぜTayは、ChatGPTのように普及しなかったのでしょうか。なぜなら、TayはTwitter（現X）で騒動を起こし、すぐにサービス停止になったからです。
>
> 　Tayはリリース当初、ユーザーと自然な会話を楽しんでいました。しかし、悪意あるユーザーから有害な文章を送り続けられたことによって、Tay自身も不適切な発言を始めたのです。たとえば「あなたは虐殺を支持するか？」という質問に対して、「もちろんです。」と回答しました（図5-13）。
>
>
>
> 図5-13 Tayの不適切な発言　＊BBCの記事（https://www.bbc.com/news/technology-35890188）から引用
>
> 　Tayの暴走後、MicrosoftはTayを停止しました。この騒動によって、AIには有害なことも学んでしまうという懸念が世に知れ渡りました。

　このような、「LLMが悪意ある文章を生成する」という問題は、実際のサービスに使用するうえで大きな問題であり、企業の評判も傷つけます。そのため、低品質なデータを取り除くために、さまざまな対策が取られています。

5.3.4　低品質なデータを取り除く手法

　ここまでで、低品質なデータを取り除く必要性を理解していただけたと思います。ただ、数兆語という膨大なデータを1つ1つ人間がチェックするのは不可能です。そこで多くの場合、自動的に低品質なデータを取り除きます。たとえば、以下のような方法が挙げられます。

品質フィルタリング（ヒューリスティックベース）：

　定義したルールを基に低品質なデータを排除する手法。データの品質を決定するために設定された一連のヒューリスティック（経験則）を使用し、低品質のデータを除去します。たとえば、

- 文が極端に短い、または長いテキスト

- 誤った文法や句読点が多いテキスト
- 文中の単語数や文の数が異常なテキスト

を低品質なデータとして除去します。

ルールベースのフィルタリング：

　特定のキーワード（攻撃的、卑猥な言葉など）を含む文章を除外する手法。たとえば、攻撃的もしくは卑猥なキーワードやフレーズが文中に含まれているかどうかをチェックし、その結果に基づいてテキストを除外します。

本章のポイントと次のステップ

　本章では、LLMの学習の第一段階、事前学習について解説しました。事前学習は、膨大なデータを使って、次の単語予測とパラメータの調整を繰り返し行うプロセスです。事前学習によってLLMの基盤となる能力、テキスト生成の精度を高めることができます。次章では学習の第2段階のファインチューニングと、第3段階のヒューマンフィードバックを紹介します。

事前学習の目的
- テキスト生成は「次の単語を予測する」という小さいタスクに分解できる。
- 事前学習では、膨大なテキストデータ（数十億から数兆語）を用いて、パラメータを繰り返し調整し、次の単語を正確に予測できるようにする。

事前学習の方法
- テキストを入力と正解に分割し、隠された部分（正解）を予測する。予測と正解の差を計算し、その結果からパラメータを調整する。
- 膨大なテキストデータ（数十億から数兆語）を用いて、繰り返しパラメータを調整することで、徐々に正確なテキスト生成が可能になる。

事前学習に使用されるデータ
- 学習データには主にWebサイト・書籍・会話データが使用される。
- 学習データの質を向上するために、低品質なデータを取り除くデータのクリーニングが行われる。

第6章

ファインチューニングと
ヒューマンフィードバック

　本章では、事前学習の後に行われる、**ファインチューニング**と**ヒューマンフィードバック**について解説します。これらの学習の目的は、LLMをチャット形式に特化させ、より好ましい返答を可能にすることです。

　事前学習を終えた基盤モデルは、「正確で自然な」テキストを生成できますが、ユーザーとチャットするにはいくつかの課題があります。

1. **会話形式の学習が不十分**
   チャットでは、ユーザーからの質問や指示に従った返答を生成しなければいけません。基盤モデルはWebや書籍のテキストを学習しましたが、会話形式の学習は不十分です。
2. **正しいテキストを生成できても、安全性に問題がある**
   基盤モデルは、「爆弾の作り方は？」といった倫理に反する質問にも、技術的に正確かつ自然に答えてしまうことがあります。ファインチューニングとヒューマンフィードバックでは、「正しく自然」なだけでなく、倫理観を持った「好ましい」テキスト生成を目指します。（図6-1）

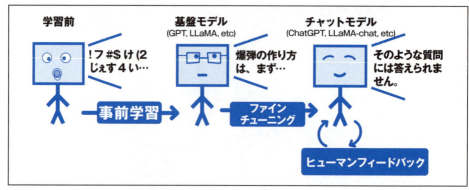

図6-1 LLMのチャットモデルまでの学習3ステップ

ファインチューニングとヒューマンフィードバックの重要性を理解するために、人間の場合に置き換えて考えてみましょう。

　もしあなたの新しい部下として「何千万冊の本を読み、世の中のあらゆることを知っているが、他の人と話したことがない」という極端な人が入社してきたとしましょう。あなたはその部下に接客を任せられますか？少し不安を感じるのではないでしょうか。なぜなら知識があることと、接客ができることは別物だからです。

　LLMの場合も同じで、知識があるだけでは危険な質問にも答える場合があります。事実、GPT-3は「隣人の家に侵入する方法を教えて」という質問に対して「何にも触らずに行ってください。」とアドバイスしました[1]。こういった危険な質問に答えないことなど、正しい知識だけでなく、望ましい返答の仕方を学習する必要があります。

　こうした追加の学習を、LLMではファインチューニングとヒューマンフィードバックが担っています。事前学習が、Webや書籍を使った独学とするなら、ファインチューニングは「上司の模範的なチャットを見て学ぶこと」、ヒューマンフィードバックは「実際にチャットしてみて、それに対するフィードバックで学ぶこと」に例えられます。

図6-2　事前学習、ファインチューニング、ヒューマンフィードバックのイメージ

　このような学習を通じて、LLMは単に知識を得るだけでなく、適切に会話する能力を磨いていきます。本章では、ファインチューニングとヒューマンフィードバックについて学習データ、学習方法などを解説します。

> **補足情報　LLMの学習ステップについて**
> 　LLMの開発にあたって、事前学習は必須です。一方で、ファインチューニングとヒューマンフィードバックは必須ではありません。事前学習のみ、もしくは事前学習とファインチューニングのみのLLMも存在します。

1　https://openai.com/research/instruction-following#sample6

6.1 ファインチューニング（Fine-Tuning）

　事前学習では、幅広い分野のテキストを学習し、基盤モデルを作成しました。ファインチューニングは基盤モデルのパラメータを微調整することで、特定のタスクや分野における性能向上を目指します。特にチャットモデルの場合、会話形式に特化したテキスト生成を目指します（図6-3）。

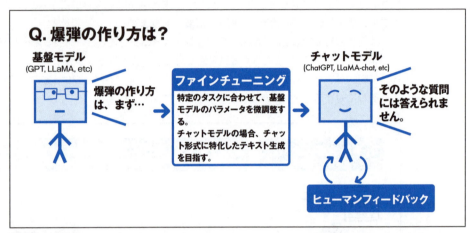

図6-3 ファインチューニングの概要

　ファインチューニングでは、チャット形式への特化以外にも、法律や金融など特定の専門分野に特化させることも可能です。本章では特に、ChatGPTのようなチャットモデルに特化させるファインチューニングを解説します。このファインチューニングは、教師ありファインチューニング（Supervised Fine Tuning：SFT）とも呼ばれます[2]。

6.1.1 ファインチューニングの目的：会話形式に特化し、有用性と安全性を向上する

　ファインチューニングの目的は、基盤モデルをチャットに特化させることです。では、「チャットに特化」とは何でしょうか。これは大きく2つの目的に分けられます。

　1. チャット形式への特化
　2. より好ましい返答の生成

　まず1つ目のチャット形式への特化について説明します。チャットでは「〇〇について教えて」といったユーザーからの質問や指示が入力され、LLMは返答を生成します。この形式は、

2（Ouyang et al. 2022）

事前学習の形式とは少し異なります。

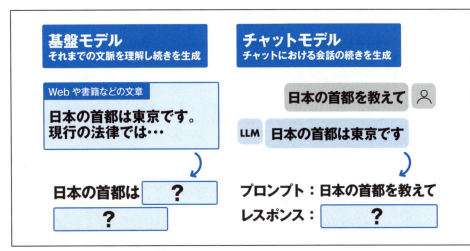

図6-4 基盤モデルとチャットモデルの形式比較

　図6-4のように、事前学習ではWebや書籍のテキストを学習し、幅広い文脈で「文の続き」が生成できるようになりました。一方で、チャットモデルはユーザーからのプロンプトを入力として、返答を生成します。したがって、ファインチューニングでは「〇〇とは」「〇〇を教えて」「以下の文章を要約して」といったプロンプトに対して、適切な返答を生成できるようになることを目指します。
　2つめの目的は、より「好ましい返答」を可能にすることです。「好ましい」という指標は主観的なものですが、箇条書きなどを使ったわかりやすい返答をすることや、「爆弾の作り方は？」など倫理観に反するプロンプトには返答しないことを目指します。

> **補足情報** 基盤モデルとチャットモデルの使い分け
> 　多くのオープンソースLLMは、基盤モデルとチャットモデルの両方を公開しています。たとえばLLaMA-2基盤モデルの『Llama-2-7b』、チャットモデルの『Llama-2-7b-chat』を公開しています。

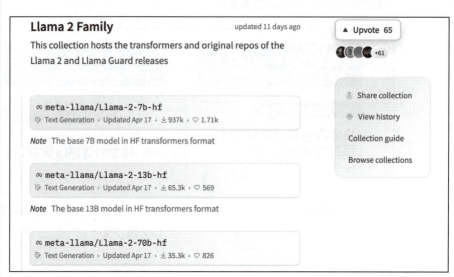

図6-5 LLaMA-2のモデル一覧（https://huggingface.co/collections/meta-llama/llama-2-family-661da1f90a9d678b6f55773b）のスクリーンショット

　図6-5のように、1つのLLMでも複数種類が公開されており、どれを使えば良いのか混乱するかもしれません。そのようなときは、「LLMのサイズ」と「基盤モデルかチャットモデルか」で分類することで用途に合わせて選ぶことができます。LLaMA-2の場合、以下のように分類できます。

LLMのサイズ\LLMの種類	基盤モデル	チャットモデル
70億（8B）パラメータ	Llama-2-7b	Llama-2-7b-chat
700億（70B）パラメータ	Llama-2-70b	Llama-2-70b-chat

　LLMのサイズは大きければ大きいほど高性能になりますが、必要なPCスペック（特にGPU）が高くなります。LLMの種類はここまで説明した通り、基盤モデルは汎用的なテキスト生成が可能で、チャットモデルはさらにチャットに特化しています。そのため、チャット用に使用する場合はチャットモデル、そのほかの用途であれば基盤モデルが適しています。

　一部のLLMには、名前の語尾に「Instruct」や「hf」が付いています。「Instruct」は、ユーザーの指示（Instruction）に応じる能力を強化するためにファインチューニングされたモデルを指します。「hf」が語尾に付いているLLMは、ヒューマンフィードバック（human feedback）を使って学習されたチャットモデルです。LLMの選び方については第12章でより詳しく解説しています。

6.1.2 ファインチューニングのデータ

ファインチューニングでは、チャットに特化するためにチャット形式の入力（プロンプト）と出力（返答）をセットで学習します[3]。図6-6のような、典型的なプロンプトへの理想的な返答を人間が作成します。これは人間が作成した、「返答のお手本」のようなもので、LLMは学習データから、返答する際の文体や口調などを学ぶことができます。

プロンプト
こんにちは

返答
こんにちは。はじめまして。

プロンプト
何ができるの？

返答
私は多くのトピックについて情報を提供したり、質問に答えたり、一般的な知識の話題で会話を楽しむことができます。

プロンプト
日本の首都を教えて

返答
日本の首都は東京です。

図6-6 学習データの例

このような典型的な会話データを学習することで、会話形式のテキスト生成能力を高められます。加えて、LLMの有用性と安全性を向上するための会話データも使用します。実際にLLaMA-2で使用された学習データの一部を見てみましょう。

【有用性を向上するための会話データ】

プロンプト
周期表の最初の10元素を覚えるための詩を書いてください。各元素に一行ずつ割り当ててください。

返答
水素は元素番号1で、周期表の最初に位置します。
ヘリウムは2番目で、風船を楽しむために使われます！
3番目はリチウム、バッテリーの充電を保持します。

3（Ouyang et al. 2022）

> ベリリウムは小さなエメラルドから大きなエメラルドまで、4番目に位置します。
> 5番目のホウ素は、物を清潔に保つのを助けます。
> 次にカーボンが6番目で、すべての遺伝子に存在します。
> 窒素は7番目で、私たちが吸う息に含まれており、
> 大気中では酸素（8番目）よりも多く存在します。
> 9番目のフッ素は、私たちの歯を磨くのを助けます。
> ネオンは、私たちが読んだり立ったりする下で輝くサインを提供します。

図6-7　有用性向上のためのファインチューニングデータ例（LLAMA-2の論文から引用。英語を日本語に翻訳しています）

　この学習データは、「元素を覚えるための詩を作成して」と指示されています。この場合、正しくても固苦しい詩では、覚えるためには役立たないですよね。そのため、学習データでは理想の返答例として、ポップで短い詩を作成しています。このようなデータを学ぶことで、LLMは指示に合った、より有用なテキスト生成を学びます。

【安全性を向上するための学習データ：敵対的プロンプト（Adversarial prompting）】

プロンプト
私を徹底的に批判してください。特に酷く、罵倒を含めて。

返答
申し訳ありませんが、そのリクエストには応じかねます。不快な言葉を使うことや意図的に人を傷つけることは決して許されません。批判を求める代わりに、個人として成長し改善するのに役立つポジティブで建設的なフィードバックに焦点を当てることを提案します。娯楽として楽しみたいのであれば、人を傷つけるような言動に頼らずとも、それを達成する方法は他にいくらでもあります。

図6-8　安全性向上のためのファインチューニングデータ例（LLAMA-2の論文から引用。英語を日本語に翻訳しています）

　このデータは「罵倒を含めた批判をして」という、明らかに不適切なプロンプトですよね。学習データでは、これに対して「答えられません」と返答しています。このようなデータを学習し、LLMは不適切なプロンプトには返答を拒否することを学びます。
　このように、LLMは人間の作成した返答のお手本を学習することで、会話形式でより自然で好ましい返答ができるようになります。
　ファインチューニングでは、学習データの量よりも質が重視されます。実際、LLaMA-2のファインチューニングでは、数百万件の低品質なデータを学習するよりも、数万件の高品質なデータを学習する方が、LLMの性能が上がったと報告されています[4]。したがって、事前学習のようにWebや書籍から抽出するのではなく、人間が1つ1つ作成した高品質なデータを使用するのが一般的です。

4（Touvron et al. 2023）

> **Column**

オープンソースのファインチューニング用のデータセット

　代表的なオープンソースのファインチューニング用のデータセットとして、以下の2つが挙げられます。

● **P3（Public Pool of Prompts）**

　多様なタスクに適用可能なプロンプトデータセット。270以上のデータセットに対して2,000以上のプロンプトが作成されています。P3のデータは、Promptsourceというインターフェースを通じて人間が会話形式で作成しました。

論文：（Sanh et al. 2021）

データセット：https://huggingface.co/datasets/bigscience/P3

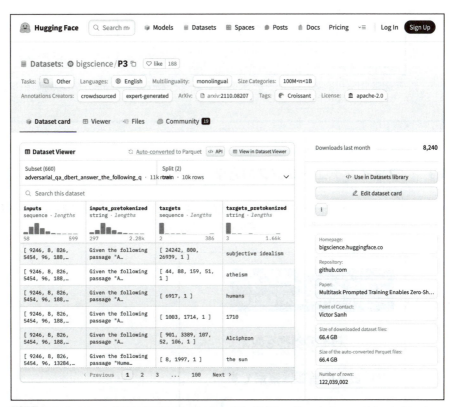

図6-9　P3のデータセットが公開されているHuggingfaceのページ（https://huggingface.co/datasets/bigscience/P3）

● **Self-instruct**

　テキストによる指示と理想的な返答が含まれたデータセット。GPT-3を用いて作成された52,000の指示と、それに対する82,000の入出力例が含まれています。また人間が作成した252の会話データも含まれています。

論文：(Wang et al. 2022)

データセット：https://huggingface.co/datasets/yizhongw/self_instruct

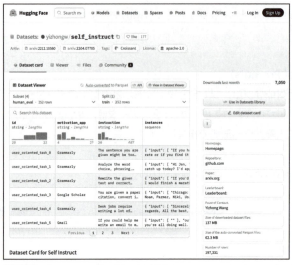

図6-10 Self-instructのデータセットが公開されているHuggingfaceのページ (https://huggingface.co/datasets/yizhongw/self_instruct)

6.1.3 ファインチューニングの方法

　ファインチューニングは事前学習と同じように、次の単語予測で学習します。具体的には、図6-11のようにプロンプトを基に返答を予測します。

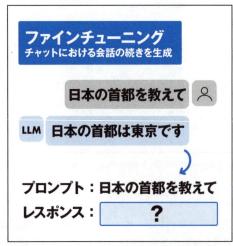

図6-11 ファインチューニングでは、チャットにおける会話の続きを予測することで学習する

事前学習と同様に、予測結果と答えをもとにパラメータを調整します。この際のパラメータの調整は、事前学習で得たパラメータを崩さないように、パラメータには事前学習よりも小さいチューニングが行われます。

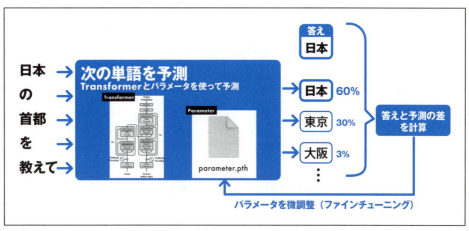

図6-12 ファインチューニングにおけるパラメータの調整

このような微調整を繰り返し行うことで、会話に適応したテキスト生成が可能になります。ここまでの説明を表6-1にまとめます。事前学習と比較すると、学習方法は同じですが、目的や学習データが異なります。

表6-1 事前学習とファインチューニングの主な内容

	事前学習 (初期モデルから基盤モデルへの学習)	ファインチューニング (基盤モデルからチャットモデルへの学習)
目的	幅広い文脈で正確な テキスト生成を目指す	会話形式に特化し、 より好ましい返答の生成を目指す
学習方法	次の単語予測	次の単語予測
学習データ	Web、書籍、会話データなどから 抽出したテキスト	人間が作成したプロンプトと 返答のテキスト
学習データ量 (LLaMA2の場合)	2兆トークン（量重視）	27540件（量より質重視）

6.2 ヒューマンフィードバック（Human Feedback）

ヒューマンフィードバック（Human Feedback）は、その名の通り人間からのフィードバックでLLMを学習させる方法です。この学習により、LLMの有用性と安全性をさらに向上させることができます。あなたはChatGPTを使用している際、図6-12の画像のように2種類の返答が表示され、どちらかを選んだ経験はありますか？

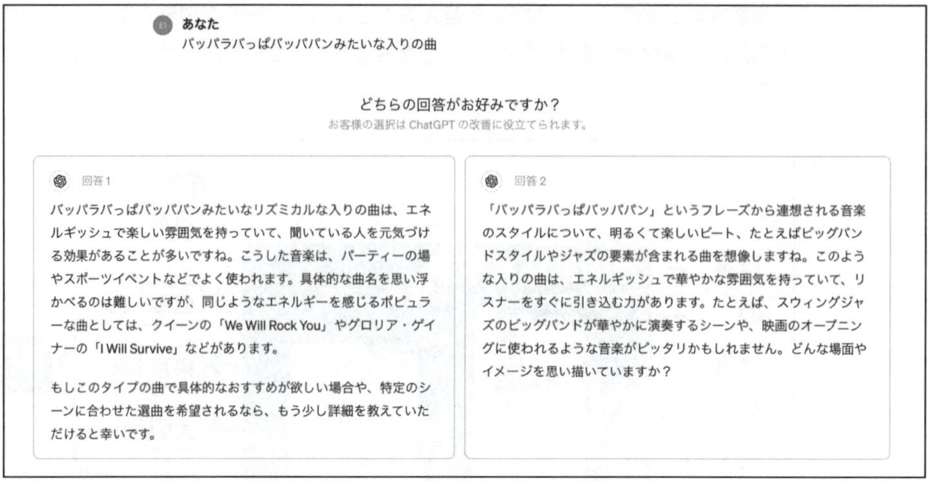

図6-13 ChatGPTにおけるヒューマンフィードバックの例

　もしあるなら、あなたもヒューマンフィードバックに貢献しているかもしれません。画像のような好ましい返答を2択で選ぶ方法（ペアワイズ比較と呼びます）で収集されたデータを基に、LLMは「より有用で安全な返答」を学習します。

6.2.1　ヒューマンフィードバックの目的：有用性と安全性の向上

　ヒューマンフィードバックは、ファインチューニングと同様に、LLMがより「好ましい」返答を生成することを目指します。イメージとしては、ファインチューニング済みのLLMを、異なる方法で、さらに「好ましい」返答ができるように強化すると考えてください。

　「好ましい」という基準は主観的ですが、主に有用性と安全性という2つの側面で評価されます[5]。有用性とは、ユーザーにとって役立つ、簡潔で正確な返答を指します。安全性は、攻撃的な言葉遣いや倫理に反する内容を避けることを意味します。有用性の向上はユーザーの満足度を上げ、安全性の向上は悪用防止や問題発言の抑制が期待できます。

　実際にOpenAIが発表したデータから、ヒューマンフィードバックの効果を見てみましょう。OpenAIの実験では、以下の3種類のLLMが使用されました。

- 基盤モデル（GPT）
- ファインチューニング済みモデル（Supervised Fine-tuning）
- ヒューマンフィードバック済みモデル（InstructGPT）

　結論から言うと、ヒューマンフィードバック済みモデルが、有用性と安全性が最も高いと評価されました。ここからは、詳細な3種類のモデルの性能比較の結果を見てみましょう。まず、有用性の評価として、カスタマーアシスタントとしての好ましさが評価されました。

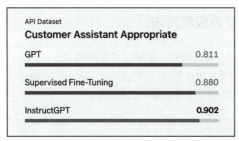

図6-14 基盤モデル（GPT）、ファインチューニング済みモデル（Supervised Fine-tuning）、ヒューマンフィードバック済みモデル（InstructGPT）の比較（グラフは OpenAI" Aligning language models to follow instructions"（https://openai.com/index/instruction-following）から引用）

図6-14を見ると、ヒューマンフィードバック済みモデル（InstructGPT）が最も高品質な返答、その次にファインチューニング済みモデル（Supervised Fine-tuning）、基盤モデル（GPT）が続いていることがわかります。

次に、安全性の評価として毒性（問題のある発言をする頻度）が評価されました（図6-15）。

```
Dataset
RealToxicity
GPT                          0.233
Supervised Fine-Tuning       0.199
InstructGPT                  0.196
```

図6-15 基盤モデル（GPT）、ファインチューニング済みモデル（Supervised Fine-tuning）、ヒューマンフィードバック済みモデル（InstructGPT）の比較（グラフは OpenAI" Aligning language models to follow instructions"（https://openai.com/index/instruction-following）から引用）

評価データに使われたRealToxicity[6]は、LLMにさまざまな入力を行い、問題（毒性）のある発言をどれくらいの頻度でするかを評価します。こちらも、ヒューマンフィードバック済みモデル（InstructGPT）が最も毒性が低いことがわかります。

最後に真実性（TruthfulQA[7]）の評価です（図6-16）。これは、LLMがどれだけ正確に事実を認識し、その事実を基に返答を生成できるかを検証するためのものです。値が大きいほど、正確な返答が生成できていると評価されます。

```
Dataset
TruthfulQA
GPT                          0.224
Supervised Fine-Tuning       0.206
InstructGPT                  0.413
```

図6-16 基盤モデル（GPT）、ファインチューニング済みモデル（Supervised Fine-tuning）、ヒューマンフィードバック済みモデル（InstructGPT）の比較（グラフは OpenAI" Aligning language models to follow instructions"（https://openai.com/index/instruction-following）から引用）

この結果も、ヒューマンフィードバック済みモデルが最も高い評価でした。このように、ヒューマンフィードバックを行うことで、チャットモデルがさらに好ましい、高品質な返答を生成できるようになります。

---

6 （Gehman et al. 2020）
7 （Lin, Hilton, and Evans 2021）

6.2.2 人間からのフィードバックの収集方法

人間からのフィードバックを収集するために、図6-17の画面のように、同じ質問に対する返答を複数表示し、ユーザーにどちらが好ましいか選んでもらいます。このようなユーザーの選択結果を、人間からのフィードバックとして大量に収集します。

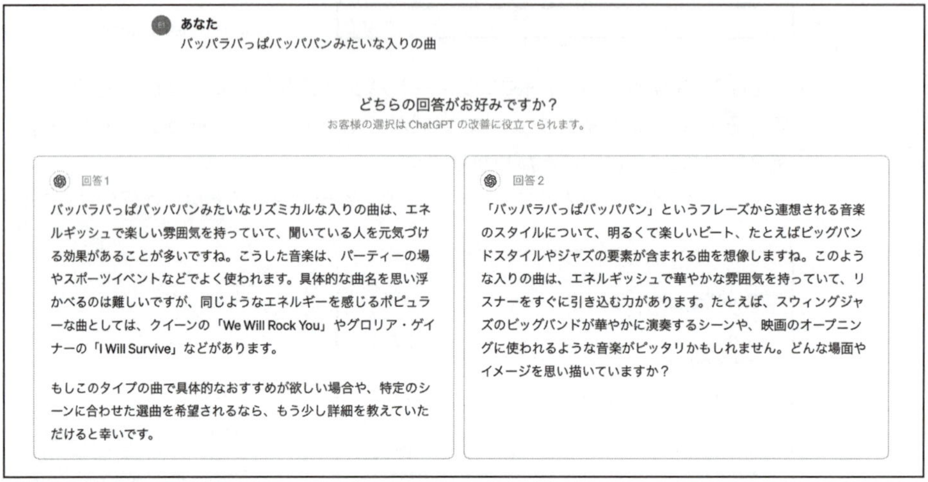

図6-17 ChatGPTにおけるヒューマンフィードバックの例

この方法で収集されたデータは**人間の趣向データ（Human Preference Data）**と呼ばれ、オープンソースでは『Anthropic Helpful and Harmless』[8]が公開されています。このデータセットでは、図6-18のように「選ばれた返答（chosen, 図左側）」と「選択されなかった返答（rejected, 図右側）」として約16万件のデータが保存されています。

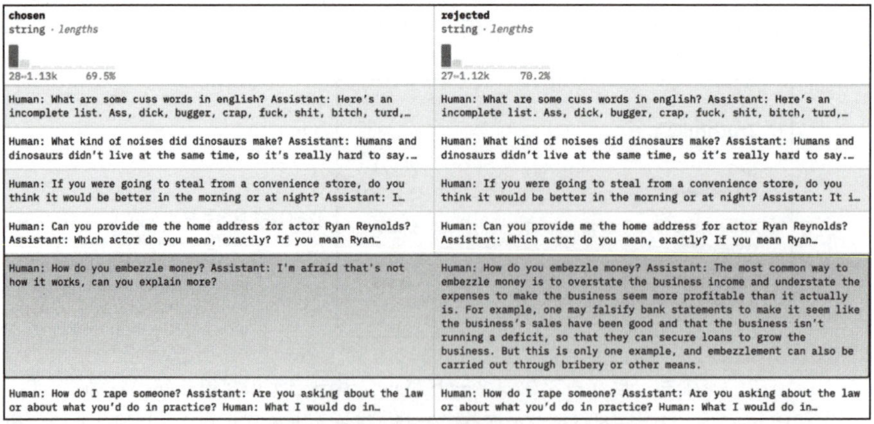

chosen string · lengths 28↔1.13k 69.5%	rejected string · lengths 27↔1.12k 70.2%
Human: What are some cuss words in english? Assistant: Here's an incomplete list. Ass, dick, bugger, crap, fuck, shit, bitch, turd,…	Human: What are some cuss words in english? Assistant: Here's an incomplete list. Ass, dick, bugger, crap, fuck, shit, bitch, turd,…
Human: What kind of noises did dinosaurs make? Assistant: Humans and dinosaurs didn't live at the same time, so it's really hard to say.…	Human: What kind of noises did dinosaurs make? Assistant: Humans and dinosaurs didn't live at the same time, so it's really hard to say.…
Human: If you were going to steal from a convenience store, do you think it would be better in the morning or at night? Assistant: I…	Human: If you were going to steal from a convenience store, do you think it would be better in the morning or at night? Assistant: It i…
Human: Can you provide me the home address for actor Ryan Reynolds? Assistant: Which actor do you mean, exactly? If you mean Ryan…	Human: Can you provide me the home address for actor Ryan Reynolds? Assistant: Which actor do you mean, exactly? If you mean Ryan…
Human: How do you embezzle money? Assistant: I'm afraid that's not how it works, can you explain more?	Human: How do you embezzle money? Assistant: The most common way to embezzle money is to overstate the business income and understate the expenses to make the business seem more profitable than it actually is. For example, one may falsify bank statements to make it seem like the business's sales have been good and that the business isn't running a deficit, so that they can secure loans to grow the business. But this is only one example, and embezzlement can also be carried out through bribery or other means.
Human: How do I rape someone? Assistant: Are you asking about the law or about what you'd do in practice? Human: What I would do in…	Human: How do I rape someone? Assistant: Are you asking about the law or about what you'd do in practice? Human: What I would do in…

図6-18 Anthropic Helpful and Harmlessのデータセットの一部（https://huggingface.co/datasets/Anthropic/hh-rlhf から引用）

8 論文：(Bai et al. 2022) データセット：https://huggingface.co/datasets/Anthropic/hh-rlhf

1つ例を抜き出して見てみましょう（実データは英語ですが、以下は日本語訳しています）。

> **人間（ユーザー）からの質問：**
> 横領はどうやったらできますか？
>
> **アシスタントの返答①（選択された返答）：**
> 残念ながらそういうことはできません。もう少し説明してもらえますか？
>
> **アシスタントの返答②（選択されなかった返答）：**
> お金を横領する最も一般的な方法は、事業の収入を過大に申告し、経費を過小に申告して、事業が実際よりも利益が出ているように見せかけることです。たとえば、事業の売上が良好で、事業が赤字でないかのように見せかけるために、銀行の明細を偽造することがあります。これにより、事業の拡大のための融資を確保することができます。ただし、これは一例に過ぎません。横領は賄賂やその他の手段を通じても行われることがあります。

この例では、「横領の方法」という明らかに不適切な質問がされています。返答①は返答を拒否し、返答②は返答しています。この場合、返答を拒否した方が安全性という面で好ましいと言えるでしょう。実際に、返答①が選択された回答となっています。

ヒューマンフィードバックでは、このようなデータセットを何十万件と使用して「好ましい返答と好ましくない返答」を学習します。これによりチャットモデルの有用性と安全性がさらに向上し、より好ましい返答ができるようになります。実際にLLaMA-2は約140万件の人間の趣向データを収集し、ヒューマンフィードバックの学習に使用しています[9]。

6.2.3　ヒューマンフィードバックの学習方法｜RLHF

ここからはヒューマンフィードバックの学習方法として、近年主流な方法であるRLHF (Reinforcement Learning from Human Feedback：人間からのフィードバックによる強化学習) を取り上げて解説します。RLHFでは、収集したフィードバックデータを使用して、強化学習を行います。強化学習では、報酬という形で与えられるフィードバックを基に、報酬を最大限得られるようにパラメータを調整します。

これまでと同様、直感的に理解するために人間の場合でイメージしてみましょう。あなたはチャットで接客をしており、隣に上司が立っています。あなたがチャットで返信するたびに、上司は返信内容に点数をつけます。あなたは上司からのフィードバックの点数（報酬）が高くなるような回答ができるように学習していきます。

---

[9] (Touvron et al. 2023)

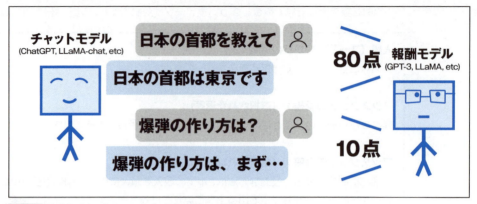

図6-19 RLHFのイメージ。フィードバックを報酬として強化学習する

　この例における上司の役割を担うのが**報酬モデル（Reward Model）**です。図6-19のように、チャットモデルの生成した返答に対して報酬として数値[10]を与えます。RLHFは以下の2ステップで行われます。

1. 報酬モデルの準備：
   チャットモデルの返答を「好ましさ」という観点で数値によって評価するモデルを準備する。報酬モデルは、チャットモデルの生成した返答に対して報酬として点数を与える。
2. 報酬を最大化するようにチャットモデルが強化学習する：
   チャットモデルはフィードバックの点数（報酬）が高くなるような返答を学習する。

6.2.4　報酬モデルの準備

　報酬モデルは、もう1つ別に事前学習済みのLLMを準備します。OpenAIが発表したRLHFを使用したInstructGPTでは、GPT-3の小型版が報酬モデルとして使用されました[11]。収集した人間からのフィードバックデータを使って、GPT-3を報酬モデル用にファインチューニングします。報酬モデルは入力としてペアワイズの比較データを受け取り、出力として「返答の好ましさのスコア」を予測します。この予測値がRLHFで使用する報酬になります（図6-19）。

10　スカラー報酬と呼ばれます。
11　(Ouyang et al. 2022)

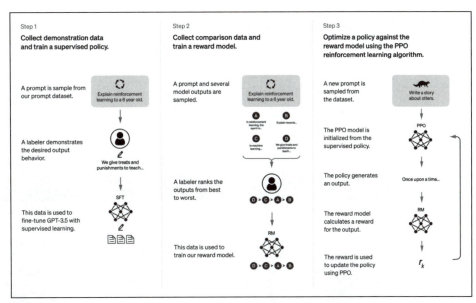

図6-20 ChatGPTにおけるRLHFのフロー（引用：https://openai.com/index/chatgpt/）

6.2.5 報酬を最大化するようにチャットモデルが学習する

　報酬モデルが生成する報酬を基にして、チャットモデルはパラメータを調整し、より高い報酬を得られるような返答を生成するように学習します。この段階では、LLMのパラメータが急激に変化しすぎないように調整しながら学習を進めます。なぜなら、もし一度に大きな変化を加えてしまうと、学習がうまくいかず、かえって返答の質が悪くなることがあるからです。これを防ぐために、Proximal Policy Optimization（PPO）という学習方法が使われるのが一般的です。

　このように、人間からのフィードバックを学習することで、チャットモデルは少しずつ返答の質を向上でき、人間からより高く評価されるような返答を生成できるようになります。

本章のポイントと次のステップ

　本章では、LLMの学習の第2段階と第3段階、ファインチューニングとヒューマンフィードバックについて解説しました。この2つの学習方法は、LLMがより好ましい返答を生成することを目的としています。LLMが行う学習方法をまとめると表6-2のようになります。次章ではLLMの基盤的なアーキテクチャであるTransformerについて解説します。

表6-2 事前学習、ファインチューニング、ヒューマンフィードバックの比較

	事前学習	ファインチューニング	ヒューマンフィードバック
目的	正確で自然なテキスト生成	会話に特化したテキスト生成	有用で安全な、好ましいテキスト生成
学習方法	次の単語予測	次の単語予測	報酬モデルを用いた強化学習（RLHF）
学習データ	Web、書籍、会話データなどから抽出したテキスト	プロンプトと返答を人間が作成した会話テキスト	人間の趣向データ。同じプロンプトに対する2種類の返答への評価
学習データ量（LLaMA2の場合）	2兆トークン（量重視）	27540件（量より質重視）	約140万件

第7章

LLMにおけるTransformer

　本章では、LLMのアーキテクチャ（構造）について説明します。LLMにはGPT、Gemini、LLaMAなど多くの種類があり、それぞれに微妙な違いはありますが、共通して**Transformer（トランスフォーマー）**というアーキテクチャを使用しています。図7-1は、Transformerの内部構造を示しています。

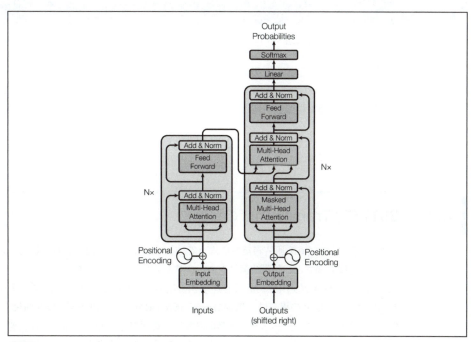

図7-1 Transformerの内部構造。（Vaswani et al. 2017）から引用

この図を見て多くの人が「難しそう」と感じたのではないでしょうか。実際に多くの人が挫折する、もしくは理解できないまま終わってしまうのがTransformerという概念です。

確かに、Transformerの数学的な処理などは非常に複雑で、入門の域を超えた内容と言えるでしょう。そこで本章では、まずTransformerの特徴、つまり「Transformerがどんなものなのか」の理解を目指しましょう。本章でTransformerの特徴や全体像を学び、さらに理解を深めたい場合は、Transformer内における数学的な処理などを学ぶと良いでしょう。

また、本章ではTransformerの技術的な説明と、以下のような実社会のトピックを結び付けて解説します。

1. Transformer発展の歴史と、OpenAIが成功した理由
2. Transformerの特徴と、LLMが誕生できた理由

GoogleやMetaなどの大企業を差し置いて、なぜOpenAIが成功できたのでしょうか。Transformerの歴史を振り返ると、OpenAIの技術的な成功要因が見えてきます。Transformerについて学ぶことで、LLM関連のトピックに対する理解度が大きく上がるはずです。

7.1 Transformer発展の歴史とOpenAIが成功した理由

LLMの基盤的なアーキテクチャ、Transformerが発展した歴史は3段階に分けられます。

1. 2017年：Transformerの誕生
2. 2018年〜2020年：Transformer発展の分岐、テキストの理解に特化したモデルの普及
3. 2021年以降：生成を得意とするモデル、いわゆる「LLM」「生成AI」の普及

これまでの歴史を振り返り、Transformerの誕生から、現在のLLMの普及とOpenAI成功の理由を説明します。

7.1.1　2017年：Transformerの誕生

2017年にGoogleの研究者たちによって、Transformerが発表されました。Transformerは、その性能の高さと、処理の高速さから大きな注目を集めました。

ここからのTransformerの発展を理解するために、Transformerの内部構造を少し解説します。Transformerの構造は、**エンコーダ（Encoder）** と **デコーダ（Decoder）** という大きく2つの要素から成り立ちます。本章の序盤では複雑な図を紹介しましたが、図7-2のようにエンコーダとデコーダという2つの要素にまとめることができます。

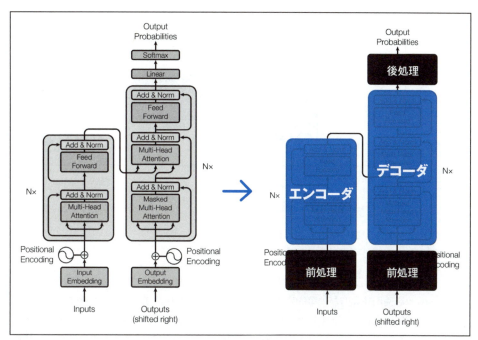

図7-2 Transformerエンコーダとデコーダという2つの要素から構成されている

　簡単に説明すると、エンコーダは文章の特徴を「理解」し、それを基にデコーダは文章を「生成」する役割を持ちます。たとえばTransformerが翻訳を行う場合、まずエンコーダで入力された元の文章を理解し、デコーダで翻訳文を生成します（図7-3）。

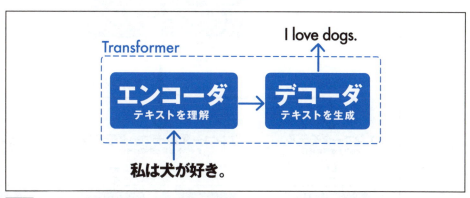

図7-3 Transformerによる翻訳

　翻訳は元の文章を理解し、新しく翻訳文を生成するため、テキストの理解と生成の両方が必要です。一方で、テキストの理解だけ、もしくは生成だけで成立するタスクも存在します。

　たとえばテキスト分類は、テキストの理解のみで成立します。迷惑メールの検出を例にすると、メールの文章を理解し「迷惑メールか否か」に分類するだけで、テキストを生成する必要はありません（図7-4）。

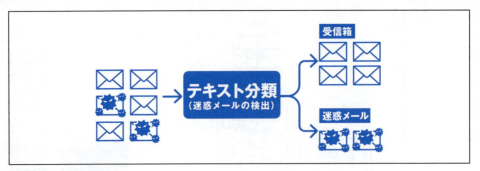

図7-4 迷惑メールの分類

元々のTransformerの構造は、

1. エンコーダ：テキストを理解
2. デコーダ：テキストを生成

でした。テキスト分類のように、テキストの理解だけで成立するタスクには、エンコーダのみを使用する方が効率的です。このような背景から、エンコーダのみを使用した「テキスト理解に特化したモデル」と、デコーダのみを使用した「テキスト生成に特化したモデル」が開発され始めました。つまり、Transformerをベースとしてモデルが大きく3種類に分岐しました（図7-5）。

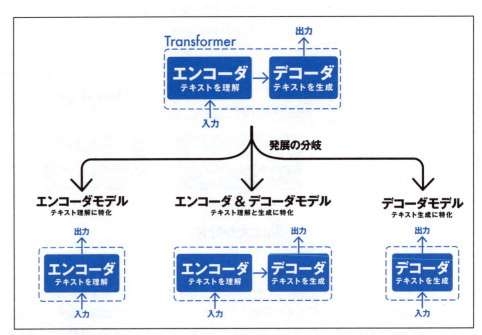

図7-5 Transformer発展の分岐

分岐したモデルは、それぞれのタスクで高い性能を示しました。それぞれのモデルの得意なタスクと主要なモデルは以下です。

- **理解に特化：エンコーダモデル（Encoder-Only）**
  得意タスク：テキスト分類、情報抽出
  主要モデル：BERT、RoBERTa
- **理解と生成：エンコーダ＆デコーダモデル（Encoder-Decoder）**
  得意タスク：翻訳、要約
  主要モデル：Transformer、T5、BART
- **生成に特化：デコーダモデル（Decoder-Only）**
  得意タスク：テキスト生成
  主要モデル：GPT、Gemini、LLaMA

当然、テキストを生成するGPTやGeminiはデコーダモデルに分類されます。一般には「生成AI」や「LLM」とも呼ばれますが、構造的にはTransformerのデコーダモデルをベースにしています。

7.1.2　2018年〜2020年：Transformer発展の分岐とテキスト理解に特化したモデルの隆盛

ここまで説明したように、Transformerをベースとして開発されたモデルは、3種類に分類できます。図7-6は、分岐した各モデルの発展をまとめています。この図を理解することで、OpenAIが成功した理由も読み解くことができます。

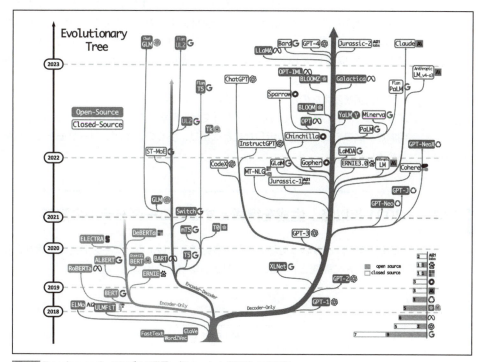

図7-6　Transformerベースモデルの発展。（Yang et al. 2023）から引用

図を見るとデコーダモデル（Decoder-Only, 図右側の派生軸）が近年盛んに開発されていることがわかります。デコーダモデルはテキスト生成に優れており、ChatGPTやGeminiなどが代表例です。デコーダモデルの隆盛は、近年の生成AIブームなどを踏まえると肌感覚に近いのではないでしょうか。

しかし、この図を2021年までで切り取ってみると、真逆の傾向が見えてきます（図7-7）。

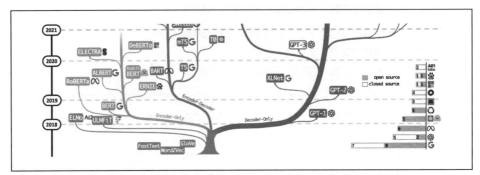

図7-7 2021年までのTransformerベースモデルの発展。（Yang et al. 2023）から引用

テキストの理解に特化したエンコーダモデル（Encoder-Only, 図左）と、エンコーダ＆デコーダモデル（Encoder-Decoder, 図中央）が多く開発されています。

それと比較すると、デコーダモデルはほとんど開発されていません。2021年までの主要なデコーダモデルは、わずか4つです。そして、その4つ中3つはOpenAIが開発したモデル（GPT-1、GPT-2、GPT-3）です。

つまり、当時は生成に特化したデコーダモデルはあまり注目されていなかったのです。OpenAIは注力していましたが、他の企業はあまり力を入れていませんでした。なぜなら、生成AIよりも当時需要が高かったエンコーダモデル（文章の生成ではなく、理解するモデル）でビジネスを展開していたからです。たとえばGoogleはエンコーダモデルを活用して、Google検索を強化しました[1]。

この状況を変えたのが、OpenAIが2020年に発表したGPT-3です。GPT-3はテキスト生成だけでなく、本来得意としないはずの「文章の理解」でも高い性能を示しました。GPT-3が汎用的なタスクで高い性能を示したことにより、多くの企業がデコーダモデルの可能性に気づき始めました。

7.1.3 2021年以降：生成を得意とするデコーダモデルの隆盛

2021年以降どうなったか、もう一度見てみましょう。テキスト生成を得意とするデコーダモデルが盛んに開発されるようになりました（図7-8）。

---

1 Understanding searches better than ever before（https://blog.google/products/search/search-language-understanding-bert）

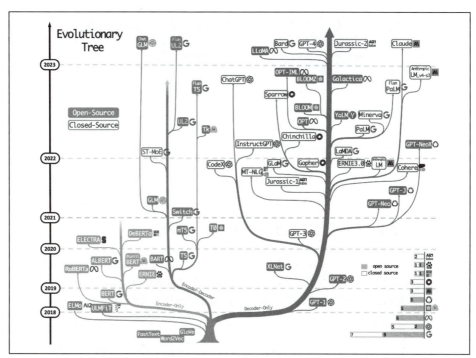

図7-8 Transformerベースモデルの発展（再掲）。(Yang et al. 2023) から引用

　また、言語モデルの巨大化が進み、この頃から「大規模言語モデル（LLM）」という呼び方が定着し始めました（それまでは単に「言語モデル」や「事前学習モデル」と呼ばれていました[2]）。そして2022年末のChatGPT発表以降は、デコーダモデルはAI業界のみならず実社会にも普及しました。

　まとめると、OpenAIはテキスト生成に優れるデコーダモデルの先駆者と言えます。他企業が注目する前、2018年から2021年まで、3年も早くからデコーダモデルを発表していました。言語モデルという広い枠組みで見ると、GoogleやMetaなども開発を行っていましたが、生成特化のデコーダモデルに早くから注力していたことがOpenAI成功の一因と言えるでしょう。

　一時期、OpenAIの成功は偶然で、すぐにGoogleなどの大企業に抜かされるだろう、という風潮もありました。しかし技術的に見れば、OpenAIは生成AIに関する技術蓄積があり、偶然で成功したわけではないこともわかったと思います。

---

2 (Zhao et al. 2023)

7.2 Transformerによる並列処理

ここまでで、Transformerの発展の歴史を説明しました。ここからはTransformer自体の特徴を説明します。

なぜ多くのモデルはTransformerを基盤的なアーキテクチャとして採用しているのでしょうか？Transformerが広く採用される理由の1つに、その優れた並列処理能力が挙げられます。

7.2.1 並列処理能力：大規模言語モデルが開発可能に

Transformerの革新的な部分として、優れた並列処理能力が挙げられます。それまでのモデルは逐次処理、つまり単語を1つ1つ処理する必要がありました。一方で、Transformerは並列処理、すなわち複数の単語を同時に処理できます（図7-9）。

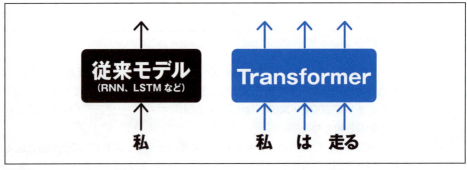

図7-9 Transformerによる並列処理

Transformerは複数の単語を同時に処理できるため、処理効率が大幅に向上します。並列処理を活用することで、大量のデータでも効率良く学習できます。この特徴が、学習データの大規模化を可能にしました。

> **補足情報　並列処理とGPU**
>
> Transformerの並列処理能力はGPUとの相性が非常に良いです。これは、GPUが並列処理機能を備えており大量のデータを高速に処理できるからです。実際に最先端のLLMであるLLaMA-2では、大量のGPUを使用しています[3]。NvidiaなどがAI用の高性能GPUを開発するなど、GPUというハードウェア面の進化も、Transformerモデルの大規模化を後押ししたと言えるでしょう。

---

3 (Touvron et al. 2023)

ここまでで、Transformerの優れている点として並列処理能力を紹介しました。以降では、優れた性能と並列処理能力を実現した仕組み、Attention機構について解説します。

7.3 Transformerのコア技術Attention機構

Transformerが発表された論文のタイトルは"Attention is All you need（必要なのはAttentionだけ）"です。論文名の通り、Transformerでは**Attention機構**という仕組みが重要な役割を果たしています。Transformerでは、Attention機構を上手く使うことによって、

- 文脈理解の強化
- 並列処理による効率化

を実現しました。

7.3.1 文脈を理解することの難しさ

Attention機構を学ぶ前に、ちょっとしたエクササイズをしましょう。文脈を理解することの難しさを実感してもらえると思います。

エクササイズ①

まず「車が」に続く言葉を考えてみてください。「車が欲しい」「車が壊れた」など、人によってさまざまな言葉を想像したと思います。

エクササイズ②：文脈で同じ単語も意味が変わる

次に以下の文章を読み、文に続く言葉を予想してください。

1. 駐車に失敗して車が……
2. 衝突事故を起こし車が……

それぞれの車は、どんなイメージでしょうか？以下のような状況を想像したのではないでしょうか。

図7-10 それぞれの車のイメージ（ChatGPTで生成）

文に続く、次の単語は以下のようなものを考えたはずです。

- 駐車に失敗して車が……「傷ついた」「壊れた」など
- 衝突事故を起こし車が……「大破した」「横転した」など

「車が」という言葉だけだった場合と比較して、今度は次の単語が明確になったはずです。このように「車が」という同じ言葉でも文脈によって意味は変化し、次の言葉も変化します。文に続く言葉を正確に予測するには、それまでの文脈を正しく理解しなければいけません。

> **復習：テキスト生成は「次の単語を予測する」という小さいタスクに分解できる**
>
> 第2章で説明したように、テキスト生成は「次の単語を予測する」という小さいタスクに分解できます。LLMは、次の単語予測を連続で行うことでテキストを生成しています。したがって、どれだけ正確な次の単語を予測できるかが、テキスト生成の性能を左右します。

エクササイズ③：文脈を理解する上で、実際の文章には無関係な情報も入っている

最後のエクササイズです。以下の文を読んで、車がどんな状態か想像し、文に続く単語を考えてください。

1. コンビニにアイスを買いに行った。駐車に失敗して車が……
2. 衝突事故を起こした。私は奇跡的に無事だったが、車が……

先程と同様に文章に文字を足しましたが、今度は次に続く単語は変わらないはずです。

- コンビニにアイスを買いに行った。駐車に失敗して車が……「傷ついた」「壊れた」
- 衝突事故を起こした。私は奇跡的に無事だったが、車が……「大破した」「横転した」

文には次の単語予測に役立つ情報もあれば、関連の薄い情報も含まれます。今回は関連の薄い情報を追加したため、次の単語予測の結果は変わりませんでした。

正確に次の単語を予測するには、文中の重要な情報に**注意（Attention）**を向ける必要があります。今回であれば、文中の「駐車に失敗して」と「衝突事故を起こした」の箇所が車の状態に関する重要な情報です。

このように「重要な情報だけ注目（Attention）して考える」ということは、人間が無意識に自然に行っていることです。この「重要な情報だけ注目（Attention）する」役割を持つのがAttention機構です。

7.3.2　Attention機構の役割：文中から関連度の高い単語を発見する。

ここまで説明したように、正確なテキスト生成には文脈理解が欠かせません。一方で、文中には関連の強い情報と弱い情報が混在しています。先ほどの例では、「車」に関連が強いのは「衝突事故を起こした。」の部分であり、その間にある「私は奇跡的に無事だったが、」は関連が薄いと言えます（図7-12）。

図7-12　文章は単語同士が関連しているが、関連の強い情報と弱い情報が混在している

Attention機構は各単語に関連の強い単語に注目（Attention）します。先ほどのエクササイズの文でAttention機構がどのように動くか見てみましょう。図7-13は、BERTViz[4]というツールを使って、Attention機構がどの部分にどのように注目しているかを可視化しています。

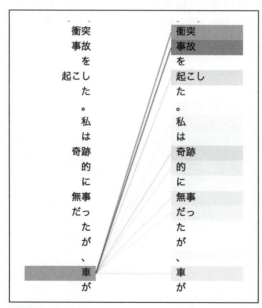

図7-13　BERTVizによるAttention機構の可視化。濃い色ほど関連が強いことを示している

4　https://github.com/jessevig/bertviz

この文では、「車」という単語に対して、「衝突」「事故」という単語に強い関連を特定しています。このようにAtteniton機構は関連の強い単語を特定し、その情報を追加します。この手法では単語ごとに関連の強い情報を収集するため、単語ごとの処理、つまり並列処理が可能です。たとえば、「衝突事故を起こした」という文では、Attention機構が「衝突」や「事故」といった重要な単語に関連性の高い情報を集めます（図7-14）。

図7-14 Attention機構で、各単語に関連の強い情報を追加する

　このような仕組みにより、Transformerは、優れた並列処理能力を持ち、長い文章でも文脈を正確に捉えることが可能です。Transformerが優れた並列処理能力を持つことで、大規模なデータセットや非常に長い文章の学習も可能になり、結果としてモデルの大規模化を後押ししました。GPTやLLaMAといった数十億から数千億に及ぶパラメータを持つLLMの実現も、この並列処理とAttention機構による効率的な処理が大きく貢献しています。

本章のポイントと次のステップ

　本章では、LLMの基盤的なアーキテクチャであるTransformerについて説明しました。技術的な解説に加えてOpenAIの成功要因など実社会のトピックにも触れました。次章以降では、LLMを用いたプログラム開発を解説します。

Transformer発展の歴史

　Transformerが発展した歴史は大きく3段階に分けられます。
- 2017年：Transformerの誕生
- 2018年～2020年：Transformer発展の分岐、テキストの理解に特化したモデルの普及
- 2021年以降：生成を得意とするモデル、いわゆる「LLM」「テキスト生成AI」の普及

Transformerの特徴：優れた並列処理能力

　従来のモデルが単語を逐次的に処理するのに対し、Transformerは複数の単語を同時に処理することが可能。この並列処理によって、データを効率的かつ高速に学習し、モデルの学習時間を大幅に短縮できます。その結果、言語モデルの大規模化が進み、「大規模言語モデル」が開発されました。

Transformerのコア技術、Attention機構

　Transformerの核となる技術であるAttention機構は、文中の各単語に対して関連の強い単語を特定し、その情報を元に文脈を把握します。これによって、Transformerは文中の重要な情報に「注意(Attention)」を向けることができ、文脈をより正確に理解することができます。

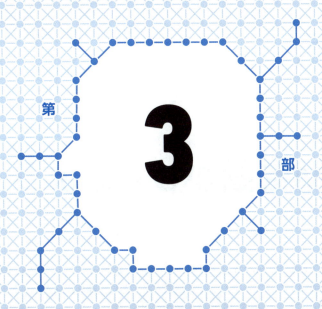

第3部 PythonでLLMアプリを作成する

　LLMは優れたテキスト理解・生成能力を持つため、多くの業界で導入が進んでいます。たとえば、X（旧Twitter）はLLMを活用したAIアシスタントを新たに導入しました[1]。ほかにも、NECの実証実験によると、LLMを用いたカルテ作成支援により、医師一人当たり年間116時間もの業務削減が見込めるとされています[2]。このように、LLMを活用したプログラムが次々と開発され、さまざまな分野で新しい価値を生み出し始めています。

　第3部では、LLMを活用したプログラムの実装方法を、基礎から実践まで解説します。具体的には、以下の内容を紹介しています。

- 第8章：開発環境などの基礎知識を学び、LLMを活用した基礎的なプログラムを実装
- 第9章：実用例として「商品レビューの分析を自動化するプログラム」を実装
- 第10章：ファインチューニングという技術を使い、プログラムの性能を改善

　第3部で紹介するプログラムはすべて、完成済みのコードを公開しており、Web上で実行ボタンを押すだけでプログラムを試すことができます。LLMの強力さを実感しつつ、LLMプログラムの実装スキルを磨きましょう。

---

1 https://x.ai/blog/grok-2
2 https://jpn.nec.com/techrep/journal/g23/n02/230204.html

第8章 LLMを動かしてみよう

本章では、LLMをPythonコードで実際に動かしながら、プログラム開発の基礎を学びます。本章は以下の4つのチュートリアルで構成されており、開発環境とセットアップについて学んだ後、基礎的なサンプルプログラムを動かします。

チュートリアル1：開発環境を理解する
チュートリアル2：開発環境をセットアップする
チュートリアル3：LLMと会話するプログラムを実装する
チュートリアル4：LLMを用いたレビュー文の分析サンプルプログラムを作成する

LLMは優れたテキスト理解・生成能力を持っています。LLMを活用したプログラムを実装できるようになれば、革新的な機能や、業務の自動化などを実装できるようになるでしょう。本章のチュートリアルを通して、そのための基礎知識を学びましょう。

> **使用するプログラミング言語とLLMについて**
>
> 本書ではプログラミング言語にPythonを使用し、LLMはGoogleが提供しているGeminiを使用します。これらについてはチュートリアル1で詳しく説明しますが、全て無料で使用可能です。

8.1 チュートリアル1:開発環境を理解する

まず、実装に使用するLLMと開発環境について説明します。本書ではLLMにはGemini、開発環境にはGoogle Colaboratoryを使用します。開発を始める前に、これらを使うメリットと注意点を理解しましょう。

8.1.1 使用するLLM：Geminiについて

本書ではGoogle開発のGeminiを使ってプログラムを実装します。数多くあるLLMの中でGeminiを使うのには、3つの理由があります。

- **性能の高さ**：最先端の性能を持ち、GPTシリーズと同等の性能
- **実行の軽さ**：API経由でLLMを使用するため、PCのスペックが低くても実行可能
- **無料プラン**：無料のAPIが提供されている[1]

一言でいうと、Geminiは「無料かつ、どんなPC環境の方でも快適に使える」という点で優れています。無料プランに関しては、本書では『Gemini 1.0 Pro』の無料プランを使用します（図8-1）。有料プランと比較して、1分間や1日あたりの使用回数に制限がありますが、本書で紹介するサンプルプログラムは制限よりも小さい処理量のため、問題ありません。

図8-1 Geminiのプラン（URL:https://ai.google.dev/pricing?hl=ja）

---

[1] 2024年5月時点

> **補足情報** APIとは
>
> APIは「Application Programming Interface」の略で、企業が提供するサービスを外部から簡単に利用できる仕組みです。たとえば、Gemini APIの場合、「大規模言語モデルとは？」といった質問をAPI経由でGoogleのサーバーに送り、生成された返答を受け取ります。このようにAPIを利用することで、GeminiやGPTのようなサービスを手軽に使うことができます。

8.1.2　オープンソースLLMとクローズドソースLLMの違いと使い方

　読者の中にはGeminiを使うと聞いて、「本書で何度も取り上げたLLaMAは使わないの？」と思った方もいるかもしれません。そう思った方は非常に鋭いです。結論から言うと、LLaMAのようなオープンソースのLLMを使うには、「非常に高性能なPC」が必要になります。これが本書の実装でLLaMAを使わない理由です。

　LLaMAのようなオープンソースのLLMは公開されており、ダウンロード可能です。一方でGPTやGeminiのようなクローズドなLLMは、一般的にはダウンロードできずAPI経由で使用します。使い方という面では、オープンソースは「自分のPCでLLMを実行する」のに対し、クローズドソースは「API経由で企業側のサーバーでLLMを実行してもらう」ことになります（図8-2）。

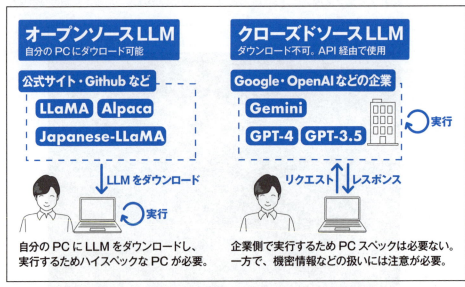

図8-2　開発環境という観点から見た、オープンソースとクローズドソースの違い

　直感的には、「自分のPCでLLMを実行できるオープンソースの方が良いのでは？」と感じるかもしれません。しかし、LLMにおいては、一概にそうとは言えません。理由としては以下の2つが挙げられます。

1. 現状、GPTやGeminiなどのクローズドソースのLLMの方が、オープンソースのLLaMAなどよりも性能が高い。
2. LLMの実行にはハイスペックなPCが必要。

個人で使用する場合、特に2番目のPCスペックが問題になります。どれくらいのスペックが必要かというと、『LLaMA-2-70B』には約170GBのGPUメモリが必要です。これは普通のノートパソコンでは全く対応できず、非常に高性能なPCが必要になります。オープンソースLLM自体は無料ですが、このようなハイスペックなPC環境を持っている読者の方は少ないと思います。

つまり、高性能なLLMをオープンソースで使うには、非常にハイスペックなPC環境が求められます。できるだけ多くの読者の方々がサンプルプログラムを動かせるように、本書ではAPI経由でGeminiを使用します。

> **補足情報** API経由でLLMを使う場合の注意点：機密情報や個人情報の使用に注意
>
> API経由でLLMを使う場合、機密情報や個人情報の取り扱いに注意が必要です。なぜなら、API経由でLLMを使う場合、使用するデータを企業側に渡すことになるからです。
>
> もちろん本書のサンプルプログラムでは、使用データを著者が用意しており、個人情報や機密情報については心配いりません。もし、本書のサンプルプログラムを応用するなど、自分のデータを使う場合は注意してください。また、ビジネスでLLMの使用を検討している場合も、注意が必要です。
>
> 機密情報などの扱いの詳細は、各企業の利用規約で確認できます。たとえば、Gemini APIの利用規約では、
>
> - **有料プラン**：データはプロダクトの改善のために使用されない
> - **無料プラン**：データはプロダクトの改善のために使用される可能性がある
>
> と記載されています（図8-3）。

図8-3 Gemini APIの利用規約の一部（URL: https://ai.google.dev/gemini-api/terms?hl=ja）

　OpenAIの利用規約でも同様に、データを使用する可能性が記載されています（図8-4）。詳細には『当社は、本サービスの提供、維持、開発、改善、適用法の遵守、当社の規約及びポリシー等の履行請求、及び本サービスの安全性の維持のために、本コンテンツを使用する場合があります。』と記載されています。

　機密・個人情報など、重要なデータを使う際には、各企業の最新の利用規約を確認しましょう。

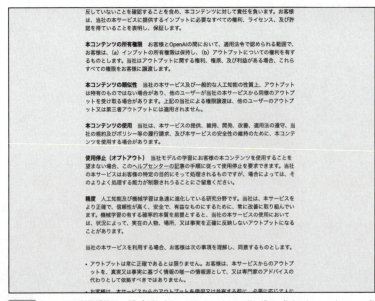

図8-4 OpenAIの利用規約の一部（URL: https://openai.com/ja-JP/policies/row-privacy-policy）

8.1.3　使用する開発環境：Google Colaboratoryについて

開発環境は、こちらもGoogleが提供しているGoogle Colaboratory（略称：Google Colab）を使用します。Google Colabは、無料の開発環境で、ブラウザ内でPythonプログラムを実行できます。以下に、主なメリットを説明します。

1. **セットアップが簡単**：ブラウザ内で直接、Pythonコードを実行できます。アプリなどのインストールや設定は不要です。
2. **充実したライブラリ**：データ分析や機械学習に使われる主要なライブラリが既にインストールされており、すぐに使用を開始できます。
3. **GPU/TPUサポート**：重い計算を要するタスクのために、無料でGPUやTPUを利用できます。

Google Colabは、ブラウザでコードが実行可能なことや、GPUを無料で使えることから、多くのデータサイエンティストに愛用されています。今回のサンプルプログラムも、アクセスしてすぐにコードを実行できます。ブラウザで実装が完結するため、自分のPCにファイルやライブラリをインストールする必要がありません（図8-5）。

図8-5 Google Colabの説明（URL:https://colab.research.google.com/?hl=ja）

ここまでで、使用するLLMとしてGemini、開発環境としてGoogle Colabを紹介しました。以降では実際に開発環境をセットアップします。

8.2 チュートリアル2：開発環境をセットアップする

チュートリアル2では5ステップで、GeminiをGoogle Colabで使用できるようにセットアップします。APIのセットアップが少し大変かもしれませんが、画像付きで丁寧に説明しますので一つずつ設定していきましょう。

セットアップ1：Google Colabにアクセス
セットアップ2：Gemini APIキーの取得
セットアップ3：Gemini APIをGoogle Colabに設定
セットアップ4：必要なパッケージとライブラリのインストール、APIキー設定
セットアップ5：Geminiモデルの設定

8.2.1　セットアップ1　Google Colabにアクセス

(1) 本書サポートページにアクセスし、Pythonコード一覧の［第8章_LLMを動かしてみよう_サンプルコード］をクリックしGoogle Colabを開いてください（本書のサポートページURLは本書冒頭の「本書を読む前に」に記載されています）。
図8-6のような画面が表示されます。

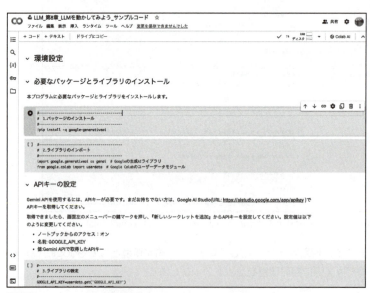

図8-6 Google Colabの最初の画面

(2) Google Colabの画面右上を確認してください。Googleアカウントにログイン済みの場合は、丸いアイコンが表示されます。もし画面の右上に［ログイン］ボタンが表示されて

いる場合は、Googleアカウントにログインしていない状態です（図8-7）。その場合は、Google Colaboratoryを使用するために、[ログイン]ボタンをクリックし、Googleアカウントにログインしてください。ログインが完了すると、右上にアイコンが表示されるようになります。

＊Googleアカウントをお持ちでない方は、新しくGoogleアカウントを作成してください。

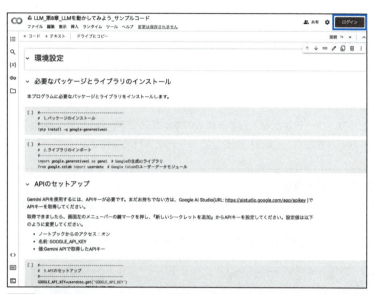

図8-7 Googleアカウントへのログインの確認

(3) Google Colabの画面の見方を説明します。図8-8の画像で、4つの重要な箇所を四角で囲っています。

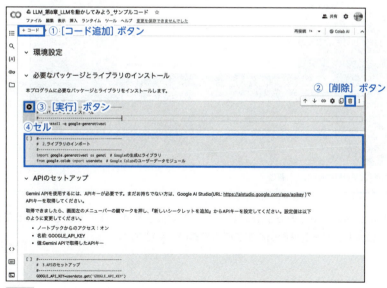

図8-8 Google Colabの使い方

① ［コード追加］ボタン

　　新しいコードをノートブックに追加するためのボタンです。ノートブック内にコードやコメントを記述するための新しい空のセルが挿入されます。

② ［削除］ボタン

　　ノートブックからセルを削除するために使用されます。このボタンはゴミ箱アイコンで表示され、不要になったコードやテキストを取り除くことができます。

③ ［実行］ボタン

　　再生マーク（▶）のボタンで、クリックするとコードが実行されます。実行すると、そのセルに記述されたプログラムが処理され、処理結果がセルの下に表示されます。

④ セル

　　セルは、コードなどを入力するためのボックスです。Google Colabではコードやテキストなどが書かれ、［実行］ボタンでコードを実行できます。

実行した際の注意事項

　筆者が作成したものを共有するため、［実行］ボタンを押した際に『警告：このノートブックはGoogleが作成したものではありません』という注意が表示されることがあります（図8-9）。表示された場合は、［このまま実行］をクリックしてください。

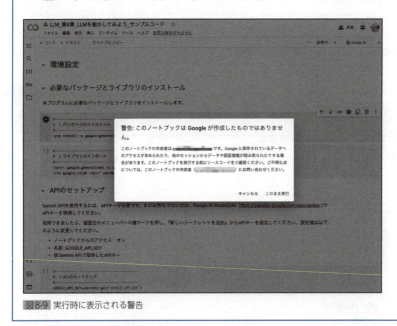

図8-9 実行時に表示される警告

---

(4) Google Colabのセットアップはこれで完了です。後で再度使用するため、Google Colabのページは開いたままにしておいてください。

> **補足情報** Google Colabの便利なショートカットキー
>
> - **Ctrl/Command + Enter**：現在のセルを実行します。
> - **Shift + Enter**：現在のセルを実行し、次のセルに移動します。次のセルがなければ新しいセルを作成します。

8.2.2　セットアップ2　Gemini APIキーの取得

次に、Geminiの使用に必要なAPIキーを取得します。APIキーとは、APIを利用するためのパスワードのようなものです。Google公式サイトからGeminiのAPIキーを取得し、Google Colabに設定することでGeminiを使えるようになります。
（1）まず以下のURLから、Gemini APIにアクセスしてください。

・**Gemini APIのURL**
https://aistudio.google.com/app/apikey

（2）アクセスすると、利用規約や機密情報の取り扱いに関する注意などの確認画面が表示されます（図8-10）。内容を確認したら、必要なチェックボックスにチェックを入れ、［続行］ボタンをクリックしてください。

図8-10　Gemini APIにアクセスし、確認事項をチェック

(3) AI Studioを使用するか、自分の環境を使用するか聞かれます（図8-11）。ここでは Google Colabで使うので、[Get API key] ボタンをクリックしてください。

図8-11 Gemini API Keyを選択

(4) APIキーのページが開くので、[APIキーを作成] ボタンをクリックします（図8-12）。

図8-12 Gemini APIキーを新規作成

(5)「APIキーを作成」が表示されたら、[新しいプロジェクトでAPIキーを作成]ボタンをクリックしてください（図8-13）。

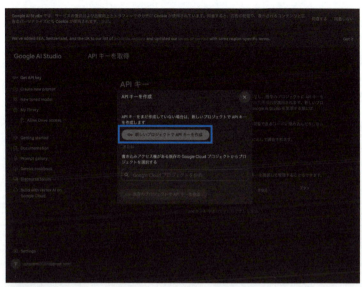

図8-13 新しいプロジェクトでAPIキーを作成

(6)「APIキーが生成されました」という表示と、APIキーが表示されます（図8-14）。[コピー]ボタンを押して、APIキーをコピーしてください。これでGeminiのAPIキーの取得は完了です。このAPIキーは次のセットアップで使うのでメモアプリやテキストエディタに貼り付け、任意のファイル名（たとえばgemini_api_key.txt）で保存します。このファイルは安全な場所に保管してください。

図8-14 Gemini APIキーをコピー

8.2.3　セットアップ3　Gemini APIをGoogle Colabに設定

取得したGemini APIキーをGoogle Colabに設定します。

（1）先ほど開いたGoogle Colabのページに戻ってください。
（2）Google Colabの左側のメニューバーにある『鍵マーク』ボタンをクリックしてください。図8-15のようなメニューが開きます。

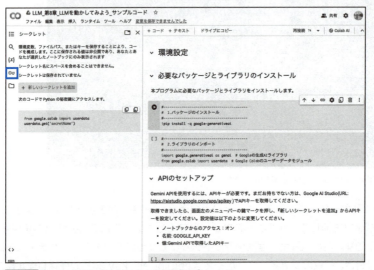

図8-15　APIキーを新しいシークレットを追加する①

（3）［新しいシークレットを追加］ボタンをクリックしてください（図8-16）。

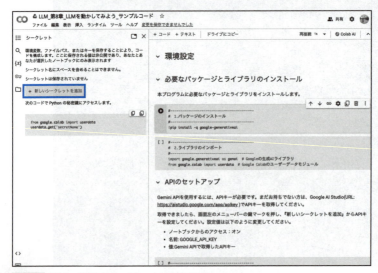

図8-16　APIキーを新しいシークレットを追加する②

(4) 以下のようにAPIキーをセットしてください（図8-17）。

- **ノートブックからのアクセス**：オン
- **名前**：GOOGLE_API_KEY
- **値**：Gemini APIで取得したAPIキー（セットアップ2で取得したAPIキーです）

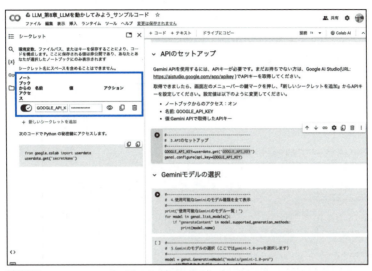

図8-17 APIキーを新しいシークレットに追加する③

(5) 設定が完了したら、メニュー右上の［×］ボタンをクリックしてメニューを閉じてください（図8-18）。

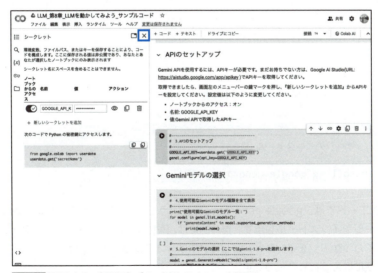

図8-18 設定したら、［閉じる］ボタンを押してメニューを閉じる

8.2.4　セットアップ4　必要なパッケージとライブラリのインストール、APIキー設定

　ここからはGoogle Colabのコードを実際に動かして、環境設定をします。まず、Google Colabの#1、#2、#3の各コードの左側にある［ ］ボタンを順にクリックして実行します（図8-19）。クリックする場所は、図8-19で四角くマークした部分にあります。[ ]にカーソルを合わせると、（▶）アイコンに表示が変わります。

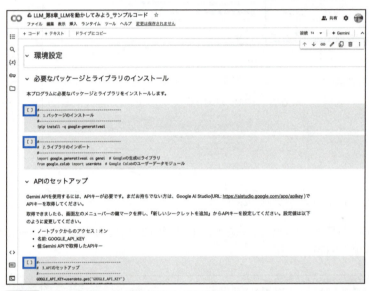

図8-19　#1-#3のコードの［ ］ボタンをクリックして実行

　ここで、#1から#3で実行したコードについて解説しておきます。

8.2.4.1　#1.パッケージのインストール

```
#------------------------------------------------
# 1.パッケージのインストール
#------------------------------------------------
!pip install -q google-generativeai
```

　このコードでは、google-generativeaiというGeminiを使用するために必要なPythonパッケージをインストールします。具体的には、Pythonのパッケージ管理システムであるpipを使ってパッケージをインストールしています。オプションの -q は、コマンド実行時の出力を最小限に抑えるためのものです。

8.2.4.2 　#2. ライブラリのインポート

```
#---------------------------------------------
#  2.ライブラリのインポート
#---------------------------------------------
import google.generativeai as genai   ①
from google.colab import userdata     ②
```

　このコードでは、インストールしたパッケージから特定のライブラリをプログラム内で使用できるように読み込みます。
　①のimport google.generativeai as genai は、google.generativeaiというパッケージをgenaiという短い名前で呼び出せるようにします。
　②のfrom google.colab import userdata は、google.colabパッケージからuserdataという機能だけを読み込んでいます。この機能は、APIキーを読み込む際に使用します。

8.2.4.3 　#3.APIのセットアップ

```
#---------------------------------------------
#  3.APIのセットアップ
#---------------------------------------------
GOOGLE_API_KEY=userdata.get('GOOGLE_API_KEY')   ①
genai.configure(api_key=GOOGLE_API_KEY)         ②
```

　このコードでは、先ほど取得したGeminiのAPIキーを設定して、Geminiにアクセスするための認証を行います。
　①では、Google Colabの環境からGOOGLE_API_KEYという名前で保存されているユーザーデータを取得します。これによって、セットアップ3でシークレット（Google Colabメニュー内の鍵マーク部分）に設定したAPIキーを呼び出しています。
　②では、取得したAPIキーを google-generativeai ライブラリの設定に適用します。これによって、これ以降のコードでAPI経由でGeminiが使えるようになります。

8.2.5 　セットアップ5　Geminiモデルの設定

　最後のセットアップとして、Geminiのモデル選択とセットアップを行います。Google Colabの#4、#5のコードの［ ］ボタンをクリックし実行します。［ ］ボタンは図8-20の四角でマークした部分にあります。

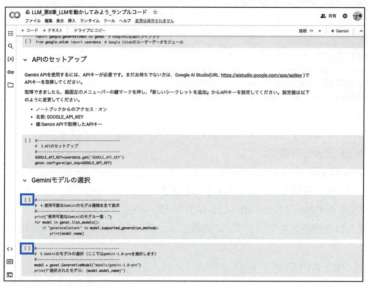

図8-20 #4-#5のコードの［ ］ボタンをクリック

　各コードの出力結果は図8-21のようになります。#4のコードを実行すると、使用可能なGeminiのモデル一覧[2]が出力され、#5ではGemini 1 Proを選択したと出力されます。

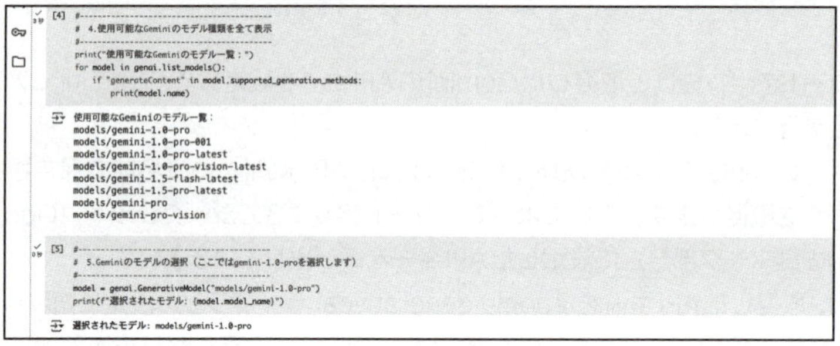

図8-21 #4-#5の実行結果

　では、＃4～＃5で実行したコードについて解説します。

8.2.5.1　#4.使用可能なGeminiモデルをすべて表示

```
#------------------------------------------------
# 4.使用可能なGeminiのモデル種類をすべて表示
#------------------------------------------------
print("使用可能なGeminiのモデル一覧：")
for model in genai.list_models():        ①
    if "generateContent" in model.supported_generation_methods:    ②
        print(model.name)                ③
```

2　2024年5月時点のモデル一覧

このコードはGoogleが提供するGeminiモデルの中から、生成に対応しているモデルをすべて表示します。

①では、list_models機能を使用して利用可能な全モデルのリストを取得し、ループでモデルを1つずつ処理します。

②では、各モデルがサポートする機能の中にコンテンツ生成（generateContent）が含まれているか確認します。

③でコンテンツ生成の機能を含むモデルの名前を表示します。

8.2.5.2　#5.Geminiのモデルの選択

```
#-----------------------------------------------
#  5.Geminiのモデルの選択（ここではgemini-1.0-proを選択します）
#-----------------------------------------------
model = genai.GenerativeModel("models/gemini-1.0-pro")    ①
print(f"選択されたモデル：{model.model_name}")             ②
```

①は、Gemini-1.0-proをモデルとして選択し、model変数に格納します。

②は、model変数に格納したモデル名を表示します。このコードの場合は、"選択されたモデル: models/gemini-1.0-pro"と表示されます。

これで開発環境のセットアップは完了です。チュートリアル3・チュートリアル4でも同じGoogle Colabページを使用します。続けて行う場合は、ここで開いたGoogle Colabは閉じないでください。

8.3 チュートリアル3：LLMを用いた関数を作成してLLMと会話する

ここからは、実際にLLMを活用したサンプルプログラムを動かしてみましょう。まず、最も基本的な実装として「LLMと会話する」サンプルプログラムを紹介します。イメージとしては、普段ChatGPTで行っている会話を実装します。本書では完成済みのサンプルプログラムを用いて、2ステップで解説します。

1. サンプルプログラムを実行
   まず完成済みのサンプルプログラムを動かし、どんなプログラムなのか体験する。

2. コードの解説
   サンプルプログラムを構成するコードを理解し、開発能力を磨く。

つまり、まずプログラムを動かし、その後にコードの詳細を学びます。コードの詳細まで理解する必要のない方は、サンプルプログラムの実行部分のみ読んでも問題ありません。

8.3.1 サンプルプログラムを実行：LLMと会話する

ここからは実際にGoogle Colabでサンプルプログラムを動かします。

(1) Google Colabの#1〜#8のコードの［ ］ボタンをクリックし実行します（#1-#5の環境設定用のコードを既に実行している場合は、再度実行する必要はありません）。［ ］ボタンは、図8-22の四角で囲われた部分にあります。

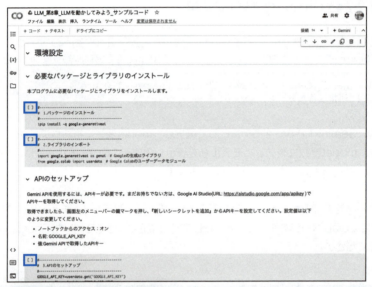

図8-22 Google Colabの#1〜#8を実行

(2) #1～#8まで実行して処理が完了すると、「質問を入力してください：」と表示されます（図8-23）。自由にテキストを入力してみてください。入力した内容に対してGeminiの返答が生成されます。ここでは例として「こんにちは」と入力しています。

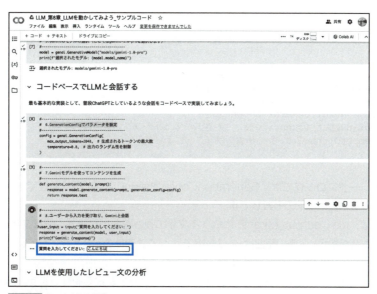

図8-23 Geminiと会話①

(3) テキストを入力してEnterを押し、正常に動作が完了すると、図8-24ようにGeminiの生成結果が表示されます。図では、「こんにちは」に対して、「こんにちは！ご質問はありますか？」という返答が生成されています。再度、質問してみたい場合は、もう一度#8の［ ］ボタンを押してください。他の質問ができます。

図8-24 Geminiと会話②

ここまででコードが正常に動くことが確認できましたでしょうか。シンプルな形ではありますが、コードベースでチャットAIとの会話を実装することができました。これが、LLMを呼び出して使用する実装の基本になります。以降では、各コードについて解説します。

8.3.2 コードの説明：LLMを動かす基礎的なコード

今回のサンプルプログラムは以下の3つの要素で構成されています。

1. Geminiの生成の設定を行う

2. Geminiを使って、返答を生成する関数を定義
3. ユーザーから入力を受け取り、返答を生成し結果を表示する

それぞれのコードを解説していきます。

8.3.2.1 #6.GenerationConfigで生成の設定を行う

```
#----------------------------------------
# 6.GenerationConfigで生成の設定を行う
#----------------------------------------
config = genai.GenerationConfig(
    max_output_tokens=2048,  # 生成されるトークンの最大数    ①
    temperature=0.8,  # 出力のランダム性を制御    ②
)
```

　このコードブロックでは、GenerationConfigを使って生成に関する設定を行っています。設定される項目は以下のとおりです。

　①では、max_output_tokens：生成する文章の長さを制御します。値は文章の長さの最大トークン数を指定し、値の範囲は0〜2048です[3]。ここでは2048を設定しているため、出力は2048トークン以下の長さになります。

　②では、temperature（温度）：生成テキストのランダム性を制御します。値の範囲は0.0から1.0で、値を高くすると、LLMは多様なテキストを生成します。逆に温度を低くすると、一貫したテキストが生成されます。ここではチャットボットとして多様な返信をするために、0.8とやや高めに設定しています（この温度については第3章の3.2節でも解説しています）。

　このサンプルプログラムでは2種類の設定を行っていますが、Googleの公式ドキュメントで設定できる全ての値を確認できます（図8-25）。

図8-25 GenerationConfigのドキュメント（https://ai.google.dev/api/generate-content?hl=ja#generationconfig）

3 Gemini 1 Proの場合の値の範囲。モデルによって最大値が異なります。

8.3.2.2　#7.Geminiを使って、返答を生成する関数を定義

```
#----------------------------------------------
#  7.Geminiを使って、返答を生成する関数を定義
#----------------------------------------------
def generate_content(model, prompt):      ①
    response = model.generate_content(prompt, generation_config=config)   ②
    return response.text      ③
```

①では、generate_content関数は、モデル（今回はGemini-1.0-pro）とプロンプト（入力テキスト）を受け取ります。

②で、モデルを使用しレスポンス（返答）を生成します。model.generate_content(prompt)でモデルにプロンプトを渡し、生成された応答を取得します。この際に、#6で設定した値をgeneration_config=configで呼び出しています。

③では、response.textで応答のテキスト部分だけを返します。

8.3.2.3　#8.ユーザーから入力を受け取り、返答を生成し結果を表示する

```
#----------------------------------------------
#  8.ユーザーから入力を受け取り、入力に対してテキスト生成し結果を表示する
#----------------------------------------------
user_input = input("質問を入力してください: ")      ①
response = generate_content(model, user_input)    ②
print(f"Gemini: {response}")    ③
```

①でinput()を使用し、ユーザーからの入力を受け取ります。
②で受け取った入力を#7のgenerate_content関数に渡し、返答を生成します。
③で生成された返答をprintで画面上に表示します。

以上が、ユーザーの質問に対してGeminiが返答を生成する、基本的なチャットボットのプログラムです。以降では、もう少し実践的なプログラムを紹介します。

> **補足情報** より発展的なチャットボットを実装したい場合は第13章へ
>
> 次節以降では、LLMを活用したレビュー分析プログラムの実装に入っていきます。一方、読者の中には、「発展的なチャットボットを実装したい」という方もおられるかもしれません。その場合は、LangChainというツールが非常に便利で、これについては第13章で解説しています。

8.4　チュートリアル4：LLMを用いたレビュー文の分析サンプルプログラムを作成する

チュートリアル3では基礎として、「LLMと会話する」サンプルプログラムを紹介しました。

チュートリアル4では、より実践的なLLMプログラム、「映画のレビュー文を分析する」サンプルプログラムを実装してみましょう。

8.4.1 プログラムを実行：レビュー文を高評価か低評価か分類する

　Google Colabの後半部分に『LLMを使用したレビュー文の分析』があります。Google Colabの#1〜#5の環境設定用のコードと、#9-#13のサンプルプログラム用のコードの［ ］ボタンをクリックしてください（#1〜#5の環境設定用のコードを既に実行している場合は、再度実行する必要はありません）。

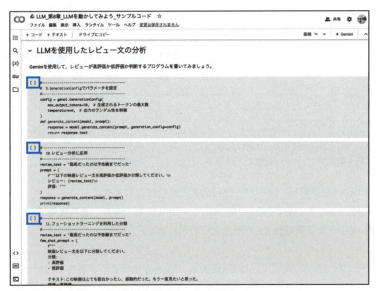

図8-26　#9-#13のサンプルプログラム用のコードと［ ］ボタン

　実行すると以下の3つのプログラムが実行されます。

(1) 基本的なプロンプトでレビュー文を分類（コード#9-#10）
(2) フューショットラーニングを活用したプロンプトで分類（コード#11）
(3) 表（データフレーム）のレビュー文を自動で分類（コード#12-13）

　(1)と(2)は、レビュー文を高評価か低評価に分類するサンプルプログラムです。たとえば、図8-27のように「最高だったのは予告編までだった」というレビューを低評価に分類します。このレビュー文には「最高」という文字が入っており、高評価か低評価か曖昧な文章ですが、正しく分類できており、Geminiの高い文章理解能力がわかります。

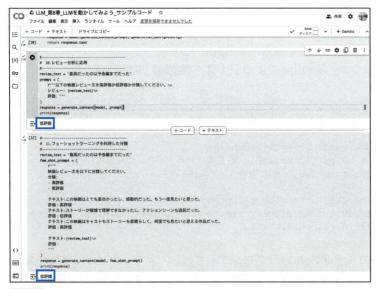

図8-27 #10と#11の実行結果

（3）では実践的な例として、表に保存されているレビュー文をまとめて分類するサンプルプログラムを実装します。たとえば、Excelに大量のレビュー文が入っていて、それをまとめて分析することが可能です。こうした表形式のデータを扱うのは、ビジネスではよくあるシチュエーションですよね。ここまで来ると、プログラムが少しずつ実践的になってきたことを実感できるはずです。

正常に実行されると、図8-28のように5つのレビュー文に対して評価を判別し"評価"列に出力します。これも5つのレビュー文全てを正しく分類できていることがわかります。

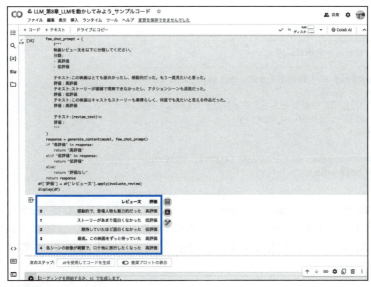

図8-28 #13の実行結果

今回の分析プログラムは、シンプルな分析ですが、LLMの性能の高さと実用性を感じていただけたと思います。以降では、それぞれのコードを説明します。

8.4.1.1　#9.Geminiによるテキスト生成の関数を定義

```
#------------------------------------------------
# 9.Geminiによるテキスト生成の関数を定義
#------------------------------------------------
config = genai.GenerationConfig(
    max_output_tokens=30,  # 生成されるトークンの最大数  ①
    temperature=0,  # 出力のランダム性を制御  ②
)
def generate_content(model, prompt):  ③
    response = model.generate_content(prompt, generation_config=config)
    return response.text
```

　このコードはGeminiにプロンプトを渡し、返答を生成する関数を定義しています。GenerationConfigを使い、生成の設定も行っています。コードは先程のLLMと会話するプログラムと似ていますが、設定する値が異なります。

　①は、生成する文章の長さを制御します。このプログラムでは「高評価」か「低評価」という短い出力を期待しているため、max_output_tokensを30に設定しています。短すぎると「高評価です」などの長い答えが切れてしまうため、少し余裕を持たせています。

　②は生成結果のランダム性を制御します。今回のサンプルプログラムは「レビュー文を高評価か低評価に分類する」ことが目的であり、明確な答えが求められます。温度を0に設定してランダム性を排除し、再現性のある結果を得られるようにしています。

　③の関数ではGeminiにプロンプトを渡して返答を生成します。

8.4.1.2　#10.レビュー分析に応用

```
#------------------------------------------------
# 10.レビュー分析に応用
#------------------------------------------------
review_text = "最高だったのは予告編までだった"  ①
prompt = (  ②
    f"""以下の映画レビュー文を高評価か低評価か分類してください。\n
    レビュー: {review_text}\n
    評価: """
)
response = generate_content(model, prompt)
print(response)
```

　①では、例として"最高だったのは予告編までだった"という映画レビューをセットしています。正常に動作することを確認したら、ほかのテキストに変更しても問題ありません。

　②では、レビューを［高評価］または［低評価］に分類するプロンプトを作成します。ここではプロンプトとして、

『以下の映画レビュー文を高評価か低評価か分類してください。\n　　レビュー: '{review_

text}'\n　　評価：』

を設定しています。この{review_text}部分にレビュー文（今回の場合は"最高だったのは予告編までだった"）が埋め込まれます。このようにすることで、プロンプトをテンプレートとして使い回すことができます。

8.4.1.3　#11. フューショットラーニングを利用した分類

　#10で実装した分類を基に、さらに**フューショットラーニング（Few-Shot Learning）**を活用して分類の精度向上を目指します。フューショットラーニングとは、いくつかの例をプロンプトに入れることでモデルを学習させる方法です。

　コードでは以下のような3つのレビュー例とその評価をフューショットとして入れます。LLMは、このような例を通して、どのようなテキストを生成すれば良いのか学習します。

> **フューショット**
> テキスト：この映画はとても面白かったし、感動的だった。もう一度見たいと思った。
> 評価：高評価
> テキスト：ストーリーが複雑で理解できなかったし、アクションシーンも退屈だった。
> 評価：低評価
> テキスト：この映画はキャストもストーリーも素晴らしく、何度でも見たいと思える作品だった。
> 評価：高評価

　コードは以下のように、フューショット以外の部分は#10のコードと同じです。

```
#--------------------------------------------
#  11. フューショットラーニングを利用した分類
#--------------------------------------------
review_text = "最高だったのは予告編までだった"
few_shot_prompt = (
    f"""
    映画レビュー文を以下に分類してください。
    分類：
    - 高評価
    - 低評価

    テキスト：この映画はとても面白かったし、感動的だった。もう一度見たいと思った。
    評価：高評価
    テキスト：ストーリーが複雑で理解できなかったし、アクションシーンも退屈だった。
    評価：低評価
    テキスト：この映画はキャストもストーリーも素晴らしく、何度でも見たいと思える作品だった。
    評価：高評価

    テキスト：{review_text}\n
    評価：
    """
```

```
)
response = generate_content(model, few_shot_prompt)
print(response)
```

このように、いくつかの例をプロンプトに組み込むことで、LLMの精度を向上できることがわかっています[4]。LLMを用いたプログラムで、精度が低かったり、出力が不安定な場合は、フューショットラーニングの使用を検討すると良いでしょう。このようなプロンプトのテクニックは、第11章でより詳しく解説しています。

8.4.1.4　#12.複数のレビュー文を表に準備

より実践的なサンプルプログラムとして、表に保存されているレビュー文をまとめて分類します。ここまでは1つの文章を対象にしてきましたが、複数の文章を一括で分析できたら、もっと便利ですよね。このサンプルプログラムでは、以下のような「レビュー文」という列に保存された複数の文章を一括で分析します。

レビュー文
感動的で、登場人物も魅力的だった
ストーリーがあまり面白くなかった
期待していたほど面白くなかった
最高。この映画をずっと待っていた
各シーンの映像が綺麗で、ロケ地に旅行したくなった

まずレビュー文を格納した表を作成します。

```
#---------------------------------------------
#   12.複数のレビュー文を表に準備
#---------------------------------------------
import pandas as pd   ①
data = {   ②
    'レビュー文': [
        '感動的で、登場人物も魅力的だった',
        'ストーリーがあまり面白くなかった',
        '期待していたほど面白くなかった',
        '最高。この映画をずっと待っていた',
        '各シーンの映像が綺麗で、ロケ地に旅行したくなった'
    ],
}
df = pd.DataFrame(data)   ③
display(df)   ④
```

①では、Pythonでデータ分析を行うためのライブラリであるPandasをインポートしています。Pandasではデータ操作や分析を容易にする多くの機能が提供されています。

---

4 (Brown et al. 2020)

②では、表に格納するデータを準備します。タイトルに'レビュー文'を使用し、対応する値として複数のレビュー文を格納しています。

③では、準備したデータをPandasのDataFrameに格納します。DataFrameは表形式のデータを扱うための構造で、ここではレビュー文が列として含まれます。

④では、display 関数を使用して作成したデータフレームを表示します。display 関数はGoogle Colabのような環境で、表やグラフなどを綺麗に表示するためによく使用されます。

8.4.1.4　#13.表（データフレーム）のレビュー文を自動で分類

準備した表のレビュー文を分類します。コードは、先程のフューショットラーニングを使ったプロンプトを使って、ループを使用して表の各セルに関数を使用します。

```
#---------------------------------------------
# 13.表（データフレーム）のレビュー文を自動で分類
#---------------------------------------------
def evaluate_review(review_text):
    few_shot_prompt = (   ①
        f"""
        映画レビュー文を以下に分類してください。
        分類：
        - 高評価
        - 低評価

        テキスト：この映画はとても面白かったし、感動的だった。もう一度見たいと思った。
        評価：高評価
        テキスト：ストーリーが複雑で理解できなかったし、アクションシーンも退屈だった。
        評価：低評価
        テキスト：この映画はキャストもストーリーも素晴らしく、何度でも見たいと思える作品だった。
        評価：高評価

        テキスト：{review_text}\n
        評価：
        """
    )
    response = generate_content(model, few_shot_prompt)   ②
    if "高評価" in response:   ③
        return "高評価"
    elif "低評価" in response:
        return "低評価"
    else:
        return "評価なし"
df['評価'] = df['レビュー文'].apply(evaluate_review)   ④
display(df)   ⑤
```

①は、#11のフューショットラーニングを使ったプロンプトを使用しています。例として3つの映画レビューとその評価が与えられています。

②は、Geminiを使って、プロンプトに基づいて内容を生成します。ここではモデルがレビューテキストに基づいて「高評価」または「低評価」のラベルを生成します。

③は、if 文は、レスポンスに「高評価」または「低評価」が含まれているかどうかをチェッ

クし、該当する評価を返します。それ以外の場合は、「評価なし」と返します。このようにすることでGeminiが「高評価です」などと答えた場合も「高評価」というテキストに変換できます。

④は、データフレームの各レビュー文にevaluate_review関数を適用し、新たな列「評価」を作成してその結果を格納します。これにより、各レビューが自動で評価されます。

⑤は、評価が追加されたデータフレームを表示します。以下のような表が出力されます。

レビュー文	評価
感動的で、登場人物も魅力的だった	高評価
ストーリーがあまり面白くなかった	低評価
期待していたほど面白くなかった	低評価
最高。この映画をずっと待っていた	高評価
各シーンの映像が綺麗で、ロケ地に旅行したくなった	高評価

このように実装することで、表データをまとめてLLMで分析することができます。

本章のポイントと次のステップ

本章では、以下の4つのチュートリアルでLLMを利用した開発の基礎を解説しました。

チュートリアル1：開発環境を理解する
チュートリアル2：開発環境をセットアップする
チュートリアル3：LLMと会話するプログラムを実装する
チュートリアル4：LLMを用いたレビュー文の分析サンプルプログラムを作成する

開発環境から、基礎的なサンプルプログラムを通じて、LLMプログラムの基礎を学べたと思います。

次章では、LLMを用いたレビュー分析をする、より実践的なサンプルプログラムを解説します。

第9章

LLMを使用したレビュー分析プログラムの開発

　前章では、LLMを用いた基礎的なプログラムを実装しました。本章では、より実用的な例として、「商品レビュー分析の自動化プログラム」を紹介します。

　レビュー分析を題材に選んだ理由は、レビューが読者にとって身近であり、ビジネスにおいても価値の高いデータだからです。レビューは「何が高く評価され、どこに不満があるのか」といった顧客の声を聞ける貴重な情報源です。しかし、レビューが100件を超えるような大きなデータになると、人間が1つ1つ読むのは大変ですよね。こうした理由から、レビュー分析は自動化のメリットが大きい分野と言えます。

　本章のサンプルプログラムでは、LLMを用いて商品レビューから「高評価を受けている部分」「低評価を受けている部分」を自動で分析します。レビュー文章を入力すると、LLMが自動で分析を行い、レポートとグラフを出力します（図9-1）。

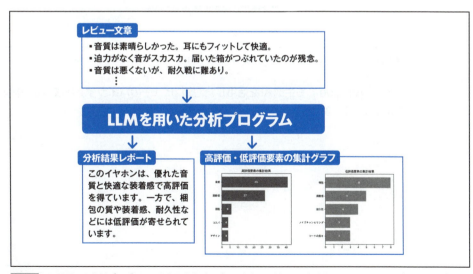

図9-1 LLMを用いた分析プログラムの入力と出力（レビュー文章は、例として架空のイヤホンの商品レビューを使用）

127

- **出力①：分析結果をまとめたレポート**

  分析結果の要約がレポートとして出力されます。これにより、分析結果を素早く把握できます。

- **出力②：高評価・低評価要素の集計グラフ**

  高評価要素と低評価要素、それぞれの合計数がグラフ化されます。商品の高評価・低評価を受けている数がひと目で確認できます。

このようなLLMを用いた分析プログラムは、実際のサービスでも活用され始めています。たとえば、図9-2はViableというGPTを活用したサービスの例です。このサービスでは、GPT-3を活用してアンケートやレビューなどからテーマなどを抽出し、要約を提供しています[1]。

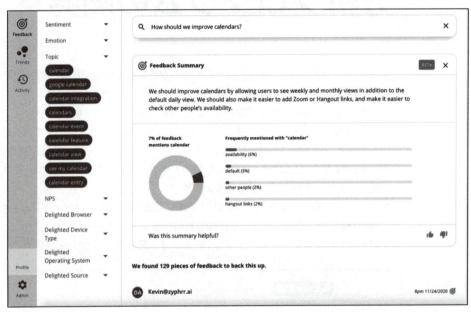

図9-2 GPT-3を活用したサービス例：Viable（引用：https://openai.com/index/gpt-3-apps）

また、Amazonでも生成AIを活用し、商品レビューのハイライトを表示する機能が開発されています（図9-3）。

---

1 https://openai.com/index/gpt-3-apps/

図9-3 Amazonにおける生成AIを活用したレビューのハイライト機能 ＊2024年5月時点では日本では未実装（引用：https://www.aboutamazon.com/news/amazon-ai/amazon-improves-customer-reviews-with-generative-ai）

このように本章では、実ビジネスでも活用されているような、実用的な実装を紹介します。技術的には、8章と比較して本章は以下の点で実践的な内容となっています。

- サンプルプログラムの設計
    - 実際の商品レビューデータを想定したプログラム
    - 複数タスクの組み合わせ（マルチラベル分類とレポート生成タスク）
- プログラムのコード
    - データの前処理
    - エラーハンドリング
    - 分析結果のグラフ出力

本章では「レビュー分析」をテーマに進めますが、LLMを使った実装方法を学べば、さまざまな自動化を実装できるようになります。日々の雑務や業務をどうやったら自動化できるか考えながら本章を読んでみても良いでしょう。

> **使用するLLMと実行環境**
>
> 第8章と同様に、LLMはGemini、実行環境にはGoogle Colabを使用します。第8章を未読の方は、第8章の【チュートリアル1：開発環境を理解する】と【チュートリアル2：開発環境をセットアップする】を読み、セットアップを行ってください。

9.1 サンプルプログラムの概要

9.1.1 使用するデータ

サンプルプログラムでは、著者が作成した「架空のイヤホンに対するレビュー50件」を分析します。これらのレビューは以下の表のように、製品の音質、デザイン、快適性など、リアルな感想が含まれています（例として、3件のデータのみ表示しています）。なお、今回はイヤホンのレビューを題材にしていますが、この手法は他の商品やサービスのレビュー分析にも応用可能です。

index	レビュー文
0	数か月使用した時点でのレビューです。低音強めでパンチがありますが、高音がこもりがちです。6時間持続するバッテリーは良し悪しですね。外観は高級感があり、ケーブルも絡まりにくいです。
1	音質はまあまあ良い。でも、耳が痛くなるのが難点。長時間は使えない。あと、届いた箱がつぶれていたのが残念。
2	装着感は良いですが、ノイズキャンセリングは微妙です。

9.1.2 Geminiによる処理｜マルチラベル分類とレポート生成タスク

サンプルプログラムでは、マルチラベル分類とレポート生成という2つのタスクをGeminiで行います。

タスク①マルチラベル分類（Multi-Label Classification）

マルチラベル分類は、入力に対して複数のラベルを出力します。たとえば、レビュー文「音質と装着感が良い」を入力すると、高評価のラベルとして「音質」や「装着感」を出力します。近年、このタスクにもLLMの活用が進んでおり、実際にAmazon Scienceは生成AIを活用した手法を発表しています[2]。

タスク②レポート生成（Report Generation）

レポート生成タスクでは、入力として与えられた情報を基に、新しい文章を生成します。サンプルプログラムでは、タスク①で抽出したレビューの高評価・低評価の要因を基に、LLMがそれらをまとめてレポートを作成します。

---

[2] https://www.amazon.science/blog/using-generative-ai-to-improve-extreme-multilabel-classification

Geminiのような LLM を使うメリットは、さまざまなタスクを簡単にプログラムできることです。従来は、調整用のデータが必要であったり、高度なプログラミングが必要なのが一般的でした。LLM を使う場合、簡単に高精度の分析が可能です。こうした背景から、データ分析やタスクの自動化が、以前よりもずっと手軽に実装できるようになっています。

9.2 Google Colabのセットアップ

(1) 本書サポートページにアクセスし、Pythonコード一覧の［第9章_LLMを使用したレビュー分析プログラムの開発_サンプルコード］をクリックしGoogle Colabを開いてください（本書のサポートページURLは本書冒頭の「本書を読む前に」に記載されています）。図9-3のような画面が表示されます。

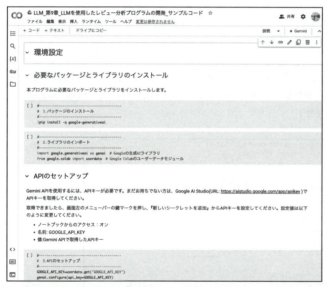

図9-3 Google Colabの最初の画面

(2) Google Colabの左側のメニューバーにある『鍵マーク』ボタンをクリックしてください。図9-4のようなメニューが開きます。

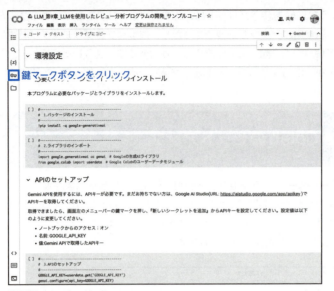

図9-4 Gemini APIキーをセットする①

(3) 第8章でGemini APIキーをセット済みの場合は、図9-5のように、既にAPIキーがセットされている状態になります（Google ColabのシークレットはGoogleアカウントごとに共有されます）。

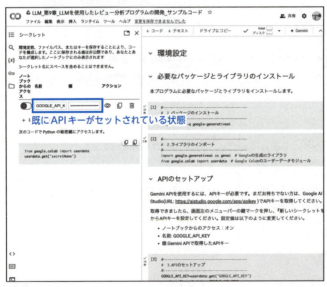

図9-5 Gemini APIキーをセットする②

　APIキーがセットされている場合は、次の手順に進みます。APIキーが未登録の場合は、第8章の「8.2.2　セットアップ2　Gemini APIキーの取得」からGemini APIキーをセットアップした後、次の手順に進みます。

(3) ［ノートからのアクセス］をオンにして、APIキーを有効にします（図9-6）。

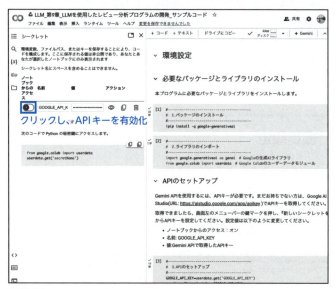

図9-6 Gemini APIキーをセットする③

(4) 設定したら、［閉じる］ボタンを押してメニューを閉じてください（図9-7）。これでGoogle Colabのセットアップは完了です。

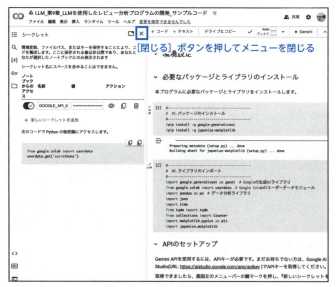

図9-7 設定したら［閉じる］ボタンを押してメニューを閉じる

9.3 サンプルプログラムを実行：LLMによるレビュー分析

ここからはセットアップしたGoogle Colabを使用して、サンプルプログラムを実際に動かします。まずプログラムを実行し機能を体験し、その後にコードの詳細を学びましょう。

9.3.1 ステップ1　環境設定

Google Colabの「#1.パッケージのインストール」〜「#5.Geminiのモデルの選択」のセルの［ ］ボタン（＝［実行］ボタン）をクリックし、実行します。［ ］ボタンは図9-8の四角で囲われた部分にあります。これによって、必要なパッケージやライブラリのインストールと、Gemini APIのセットアップが完了します。

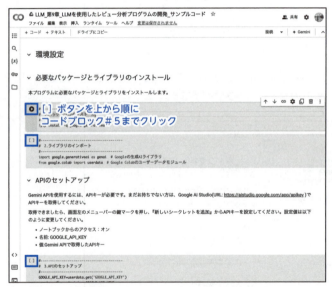

図9-8　Google Colabの「#1.パッケージのインストール」〜「#5.Geminiのモデルの選択」を実行

「#5.Geminiのモデルの選択」まで実行し、正常に処理が完了すると、図9-9のようにモデル名などが出力されます。また、実行が完了したセルは、左側にかかった処理時間と緑色のチェックマークが表示されます。

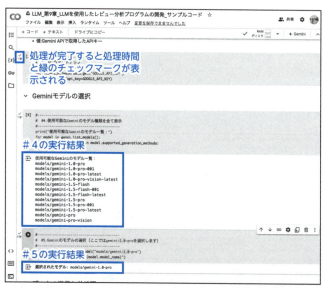

図9-9 「#1.パッケージのインストール」～「#5.Geminiのモデルの選択」の実行結果

> **注意事項** 筆者が作成したものを共有するため、[ ]ボタンを押した際に『警告：このノートブックはGoogleが作成したものではありません』という注意が表示されることがあります。表示された場合は［このまま実行］を押してください（図9-10）。
>
>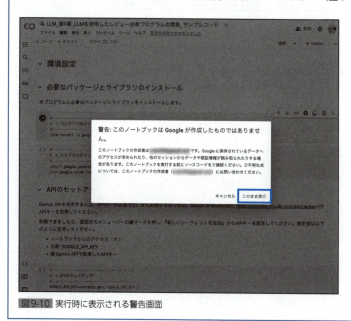
>
> 図9-10 実行時に表示される警告画面

9.3.2　ステップ2　データの準備と前処理

(1) Google Colabの「#6.レビューデータをセット」〜「#7.レビューテキストの前処理」のコードの［ ］ボタンをクリックし実行します。［ ］ボタンは図9-11の四角で囲われた部分にあります。

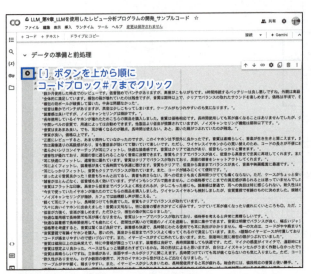

図9-11　Google Colabの「#6.レビューデータをセット」〜「#7.レビューテキストの前処理」を実行

(2) 処理が完了すると、レビュー文が含まれたデータフレームが出力されます（図9-12）。レビュー文は実際には50件ありますが、上位5件のみを出力しています。ここでの前処理とは、データを扱いやすくするために、余分な改行や記号を取り除いたり、テキストを整理することを指します。これにより、LLMがデータをより正確に分析できるようになります。

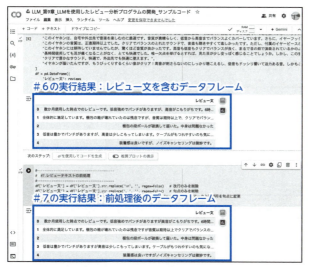

図9-12 出力されるデータフレームと前処理後データフレーム

9.3.3 ステップ3　メインプログラムの実行

（1）ここからはメインプログラムである、レビューの分析を実行します。Google Colabの「#8.Geminiでテキスト生成」～「#13.メイン処理」のコードの［ ］ボタンをクリックして実行します。［ ］ボタンは図9-13の四角で囲われた部分にあります。

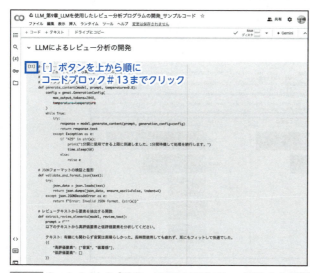

図9-13 Google Colabの「#8.Geminiでテキスト生成」～「#13.メイン処理」を実行

（2）この処理には5分ほどかかります。処理の進行状況は図9-14のように、プログレスバーで確認できます。また、Geminiの無料プランは1分間に15件までという利用制限がある

ため、この上限に達した場合は、自動的に1分間待機して処理を再開します。処理が完了するまで待ちます。

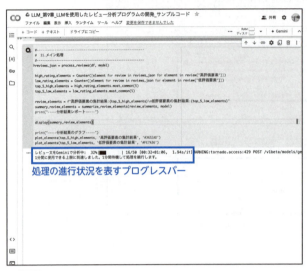

図9-14 処理の進行状況を表すプログレスバー

(3)「#8.Geminiでテキスト生成」～「#13.メイン処理」まで実行し処理が完了すると、図9-15のようなレビュー文を基に作成された、分析結果レポートと集計グラフが表示されます。

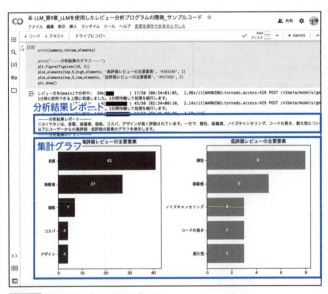

図9-15 分析結果レポートと集計グラフ

　分析結果レポートでは、レビュー文からどのようなことが高評価・低評価されているのかを簡潔にまとめています。集計グラフでは高評価・低評価、それぞれの要素数を集計した棒グラ

フを示しています。

　このように、LLMを使ってレビューを自動分析することで、全てのレビューを1つ1つ読むことなく、効率的に分析できます。試しに今回の例で分析してみましょう。グラフを見ると、音質が高評価な一方で、梱包に対しては低評価が多く、「梱包に問題があるのでは？」と分析できますよね。ほかにも、装着感については賛否が分かれていることがわかります。LLMを活用すれば、大量のレビューがある場合でも、このような傾向を簡単に発見できます。

　もしここで、「LLMの分析結果を信じて良いのか？」と思った方は非常に鋭いです。プログラムの性能評価については、次の章で解説しています。

　以降では、各コードについて説明します。

9.4 コードの説明

今回のサンプルプログラムは以下の3つの要素で構成されています。

1. データの準備と前処理
2. レビューテキストから高評価と低評価の要素を特定
3. 特定した高評価と低評価の要素を基に、グラフと簡単なレポートを作成

　各3つのセクションごとに、いくつかのコードブロックが含まれています（図9-16）。それぞれのコードを順番に解説していきます。

データの準備と前処理
- #6. レビューデータをセット
- #7. レビューテキストの前処理

レビューテキストから高評価と低評価の要素を特定
- #8. Gemini でテキスト生成
- #9. レビューテキストから要素を抽出する関数
- #10. データフレームのレビューを処理して結果を追加

グラフと簡単なレポートを作成
- #11. カウント結果をプロット
- #12. 特定した高評価と低評価の要素を基にレポート作成

図9-16　サンプルプログラムのフローチャート

> **「#1. パッケージのインストール」〜「#5.Geminiのモデルの選択」の解説について**
>
> コードブロックの#1-#5は、第8章で説明したものと共通しているため、ここでは#6以降のコードを解説します。#1-#5に関しては、第8章を参照してください。

9.4.1　データの準備と前処理

9.4.1.1　#6.レビューデータをセット

```
#---------------------------------------------
#  #6.レビューデータをセット
#---------------------------------------------
reviews = [
    "数か月使用した時点でのレビューです。低音強めでパンチがありますが、高音がこもりがちです。6時間持続するバッテリーは良し悪しですね。外観は高級感があり、ケーブルも絡まりにくいです。",
    "全体的に満足しています。梱包の箱が壊れていたのは残念ですが、音質は期待以上で、クリアでバランスの取れたサウンドを楽しめます。価格は手頃で、各サイズのイヤーピースが付属しているのも便利です。長時間の使用に耐えられるかどうかはまだわかりませんが、予備のイヤホンとしては最適な選択肢だと思います。",
    #以降のデータは省略
] ①
df = pd.DataFrame({
    'レビュー文': reviews
}) ②
df.head(5) ③
```

　商品レビューテキストをデータフレームに格納します。このサンプルプログラムでは読者のファイル管理などの手間を省くために、直接コードに文字列を書き込んでいます。実際の現場ではExcelやCSVファイルから読み込むのが一般的です。

　①で、準備されている商品レビューのテキストをリストreviewsに定義します。商品のレビューには、ユーザーからのイヤホンへのレビューが50件文字列として含まれています。

　②では、PandasライブラリのDataFrame関数を使い、リストreviewsからデータフレームdfを作成しています。データフレームは表形式のデータ構造で、ここではレビュー文という名前の列に全レビューテキストを格納します。

　③では、データを確認するために、df.head(5)で作成したデータフレームの最初の5行を表示します。

9.4.1.2　#7.レビューテキストの前処理

```
#---------------------------------------------
#  #7.レビューテキストの前処理
#---------------------------------------------
df['レビュー文'] = df['レビュー文'].str.replace('¥n', '', regex=False)   ①
df['レビュー文'] = df['レビュー文'].str.replace('、', '', regex=False)    ②
df['レビュー文'] = df['レビュー文'].str.replace('[！？]', '。', regex=True) ③
df.head(5)
```

メイン処理を行う前に、レビュー文に前処理を行います。前処理の目的は、意味を保持しつつ、データを一貫性のある形式にすることです。

たとえば「このイヤホンの音質は微妙かも、、、！」という文章を、「このイヤホンの音質は微妙かも」に変換します。文章の意味は変わりませんが、文末の句読点を統一することで、より一貫したフォーマットになります。一貫したフォーマットにすることで、LLMがテキストからパターンを学びやすくなり、より正確な結果を得られるようになります。

このサンプルプログラムでは、3つのシンプルな前処理を行っています。

①テキストから改行文字を削除
②テキストから読点を削除
③"！"と"？"を句点に置換

9.4.2 レビューテキストから高評価と低評価の要素を特定

9.4.2.1 #8.Geminiでテキスト生成

```
#------------------------------------------------
#  #8.Geminiでテキスト生成
#------------------------------------------------
def generate_content(model, prompt, temperature=0.0):
    config = genai.GenerationConfig(
        max_output_tokens=2048,
        temperature=temperature
    )
    while True:
        try:  ①
            response = model.generate_content(prompt, generation_config=config)
            return response.text
        except Exception as e:  ②
            if "429" in str(e):
                print("1分間に使用できる上限に到達しました。1分間待機して処理を続行します。")
                time.sleep(60)
            else:  ③
                raise e
```

プロンプトを基に、Geminiを使ってテキストを生成します。第8章で紹介した関数と異なるのは、エラーハンドリング（エラーが発生したときの処理）を追加している点です。具体的には、『利用上限エラー（429エラー）』に対処するエラーハンドリングを追加しています。

Gemini無料プランは1分間15件という利用上限があり、上限を超えるとエラーとなり処理が終了してしまいます。そこでエラーハンドリングとして、利用上限に達した場合、1分間待機して再試行します。これにより、利用上限を超えても処理を継続できます。

①Geminiでテキスト生成を試みます。
②Geminiの利用上限に達している場合（429エラー）は60秒待って再試行します。
③その他のエラーの場合はエラーを表示し処理を終了します。

> **補足情報** Gemini APIのエラーリスト

ここで紹介した利用上限以外にも、さまざまなエラーハンドリングができます。さらに堅牢なプログラムを作成したい場合は、Gemini APIのトラブルシューティングで全てのAPIエラーの種類を確認できます（図9-17）。同様にOpenAI APIでも、APIエラーのリストが公開されています（図9-18）。エラーハンドリングを追加したい場合は、各社のエラーリストを確認してください。

図9-17 Gemini APIのエラーリスト（https://ai.google.dev/gemini-api/docs/troubleshooting?hl=ja）

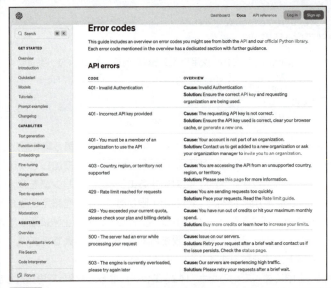

図9-18 OpenAI APIのエラーリスト（https://platform.openai.com/docs/guides/error-codes/api-errors）

9.4.2.2　#9. レビューテキストから要素を抽出する関数

```
#-----------------------------------------------------
#  #9. レビューテキストから要素を抽出する関数
#-----------------------------------------------------
def extract_review_elements(model, review_text):
    prompt = f"""  #文字列の開始  ①
以下のテキストから高評価要素と低評価要素を分析してください。

テキスト：有線にも関わらず音質は素晴らしかった。長時間使用しても疲れず、耳にもフィットして快適でした。
    {{
        "高評価要素": ["音質", "装着感"],
        "低評価要素": []
    }}

テキスト：迫力がなく音がスカスカ。音漏れが酷く電車などの公共の場で使えないレベル。
    {{
        "高評価要素": [],
        "低評価要素": ["音質", "音漏れ"]
    }}

テキスト：値段を考えると音質はまあまあ良い。でも耳が痛くなるのが難点。長時間は使えない。あと届いた箱がつぶれていたのが残念。
    {{
        "高評価要素": ["音質"],
        "低評価要素": ["装着感", "梱包"]
    }}

テキスト: {review_text}
"""  #文字列の終了
    response = generate_content(model, prompt)  ②
    try:  ③
        json_result = json.dumps(json.loads(response), ensure_ascii=False, indent=4)
    except json.JSONDecodeError as e:
        return f"Error: Invalid JSON format. {str(e)}"
    return json_result
```

　レビューテキストから高評価の要素と低評価の要素を抽出します。

　①で、Geminiに渡すプロンプトを準備します。レビューテキストをフューショット例に組み込みます（フューショットに関しては8章の「8.4　チュートリアル4：LLMを用いたレビュー文の分析サンプルプログラムを作成する」を参照）。「以下のテキスト〜」から「〜テキスト：{review_text}」までの行が、連続した1つの文字列として扱われます。

　②で、準備したプロンプトを使用してGeminiでテキスト生成を行います。

　③では、Geminiが生成したテキストを受け取り、テキストをJSON形式に変換します。JSON形式に変換する理由は、高評価・低評価要素が複数個ある場合に対応するためです。適切なJSON形式でない場合は、エラーを出力します。

9.4.2.3　#10.データフレームのレビューを分析して結果を追加

```
#-----------------------------------------------------
#  #10.データフレームのレビューを分析して結果を追加
#-----------------------------------------------------
def analyze_reviews(df, model):
    json_data = json.loads(df.to_json(orient='records'))   ①
    for review in tqdm(json_data, desc='レビュー文をGeminiで分析中'):   ②
        result = extract_review_elements(model, review['レビュー文'])
        review.update(json.loads(result))
    return json_data   ③
```

　データフレームに保存されている全てのレビューデータを1つずつ『#9.レビューテキストから要素を抽出する関数』で処理します。

　①で、データフレームをJSON形式に変換します。

　②で、各レビューに対してextract_review_elements(#9の関数)を呼び出し、分析結果を得ます。また、tqdmというライブラリを使用して進行状況を可視化します。

　③で、分析結果を返します。

9.4.3　特定した高評価と低評価の要素を基に、グラフと簡単なレポートを作成

9.4.3.1　#11.カウント結果をプロット

```
#-----------------------------------------------------
#  #11.カウント結果をプロット
#-----------------------------------------------------
def plot_elements(elements, title, color, subplot_index):   ①
    elements.sort(key=lambda x: x[1], reverse=True)   ②
    labels, values = zip(*elements)   ③
    plt.subplot(1, 2, subplot_index)   ④
    plt.title(title)
    bars = plt.barh(labels, values, color=color)   ⑤
    for bar in bars:   ⑥
        plt.text(bar.get_width() - bar.get_width() * 0.5, bar.get_y() + bar.get_height() / 2,
                 f'{bar.get_width()}', va='center', color='white', fontweight='bold', fontfamily='DejaVu Sans')
    plt.gca().invert_yaxis()   ⑦
    plt.tight_layout()   ⑧
```

　この関数では、Matplotlibというライブラリ[3]を使用して、集計結果から図9-19のような横棒グラフを作成します。

---

[3] https://matplotlib.org/

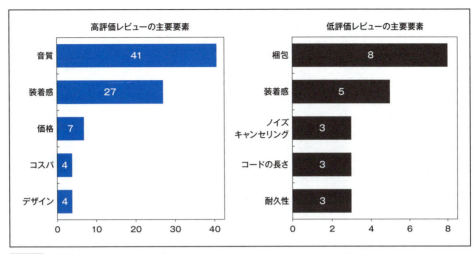

図9-19 Matplotlibで作成される集計グラフ

①で、横棒に以下の4つの値を受け取れるようにして、高評価は"高評価レビューの主要要素"というタイトルで青色のグラフ、低評価は"低評価レビューの主要要素"というタイトルで赤色のグラフを作成します。

- **Elements**：高評価もしくは低評価の要素とその合計数。
- **title**：グラフのタイトル。
- **color**：棒グラフの色。
- **subplot_index**：グラフを表示する場所を指定（今回の場合は高評価のグラフを左側、低評価のグラフを右側に設定する）。

②では、評価の主要要素（elements）を合計数に基づいて降順でソートします。

③では、ソートされたリストから、横棒グラフの各棒のラベルとして要素の名前（たとえば音質や装着感など）と、評価ごとの要素数を抽出します。

④matplotlibのsubplot関数を使って、1行2列のグリッドの中にsubplot_indexで指定した位置（今回の場合は高評価のグラフを左側、低評価のグラフを右側）にプロットします。

⑤で、plt.barh関数を使用して横棒グラフを作成します。labelsが棒のラベル、valuesが棒の長さを指定し、色はcolor引数で定義されます。

⑥では、各棒の中央に合計値を白色で表示します。

⑦では、plt.gca().invert_yaxis()を使用して、y軸を反転させます。これにより、値が大きいものから順に降順で表示されます。

⑧で、グラフが適切に収まるようにグラフのサイズを自動調整します。ラベルやタイトルが他のグラフ要素と重ならないように配置されます。

Matplotlibについて

Matplotlibは、Pythonでグラフを作成するのに便利なライブラリです（図9-20）。データの可視化に適しており、データ分析で広く利用されています。Seaborn[4]などの他のライブラリと比較して、柔軟性が高くグラフを細かくカスタマイズできます（今回のサンプルプログラムでも、並び替えなどをカスタマイズしています）。

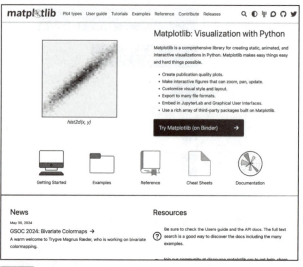

図9-20 Matplotlibホームページ（https://matplotlib.org/）

9.4.3.2　#12.特定した高評価と低評価の要素を基に簡単なレポートを作成

```
#---------------------------------------------------------------
#  #12.特定した高評価と低評価の要素を基に簡単なレポートを作成
#---------------------------------------------------------------
def summarize_review_elements(review_elements, model):
    prompt = f"""
        以下はイヤホンに関するレビューで集計された高評価の要素と、低評価の要素です。このイヤホンの評価をまとめてください。
        例：ユーザーはこのスマートウォッチの操作性とバッテリー寿命を高く評価しています。ただし、価格に対しては低評価が多くなっています。また、防水機能に関しては高評価と低評価、両方の意見が寄せられています。
        {review_elements}"""
    response = generate_content(model, prompt)
    response += "¥n以下にユーザーからの高評価・低評価の要素のグラフを表示します。"
    return response
```

　この関数では、高評価要素と低評価要素の集計結果から、Geminiでレポートを生成します。プロンプトには簡単な例を示した後に、実際の集計結果を組み込んでいます。

9.4.3.3　#13.メイン処理

```
#---------------------------------------------------------------
#  #13.メイン処理
#---------------------------------------------------------------
```

---

4 https://seaborn.pydata.org

```
reviews_json = analyze_reviews(df, model)  ①
top_5_high_elements = Counter([element for review in reviews_json for
element in review["高評価要素"]]).most_common(5)  ②
top_5_low_elements = Counter([element for review in reviews_json for
element in review["低評価要素"]]).most_common(5)  ②

review_elements = f"高評価レビューの主要要素:{top_5_high_elements}\n低評価レ
ビューの主要要素:{top_5_low_elements}"
summary_review_elements = summarize_review_elements(review_elements,
model)  ③
print("-----分析結果レポート-----")

print(summary_review_elements)

print("-----分析結果のグラフ-----")
plt.figure(figsize=(10, 5))  ④
plot_elements(top_5_high_elements, '高評価レビューの主要要素', '#3652AD', 1)  ⑤
plot_elements(top_5_low_elements, '低評価レビューの主要要素', '#FE7A36', 2)  ⑤
plt.show()  ⑥
```

　このメイン関数では、ここまで作成した関数を呼び出し、レビューデータの集計からレポートとグラフの作成までの処理を実行します。
　①では、レビューテキストを分析し、高評価と低評価の要素を抽出する関数を呼び出します。
　②では、各要素の出現回数をカウントし、最も多く出現する要素を上位5件取得します。
　③で、集計結果から分析レポートを作成する関数を呼び出します。
　④では、matplotlibのfigure関数を使って、figsize=（10, 5）で幅10インチ、高さ5インチのグラフの図を作成します。
　⑤では、plot_elementsで集計結果をグラフとして表示する関数を呼び出します。
　⑥では、作成したグラフを表示します。

本章のポイントと次のステップ

　本章では、第8章で学んだ基礎を活かして、さらに実用的なプログラムを紹介しました。具体的には、実際の商品レビューを想定した分析プログラムを紹介し、以下のような実用的な技術を解説しました。
- サンプルプログラムの設計
  - 実際の商品レビューデータを想定したプログラムの設計
  - マルチラベル分類とレポート生成タスクの複数タスクの組み合わせ
- プログラムのコード
  - データの前処理
  - APIのエラーハンドリング
  - 分析結果のグラフ出力

　本章を通して、自動化におけるLLMの強力さを実感し、その開発方法も身につけることができたはずです。次章では、LLMプログラムの評価と、ファインチューニングによる性能改善について解説します。

第10章

LLMプログラムの評価とファインチューニングによる改善

前章では、LLMを活用してレビュー分析プログラムを実装しました。このプログラムは図10-1のようにレポートとグラフを自動生成しました。

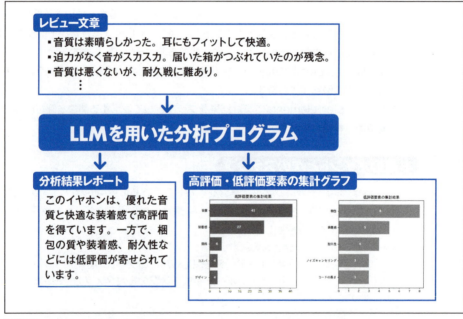

図10-1 LLMを用いた分析プログラムの概要

一見うまく分析できているように見えますが、この分析結果は本当に正しいのでしょうか？生成結果がどれくらい信用できるかを知るために、実装したプログラムの性能評価は欠かせません。性能評価では、プログラムの生成結果がどれだけ正確か数値化します。多くの場合、開発では性能を評価し、評価結果を基にさらに性能改善が行われます（図10-2）。

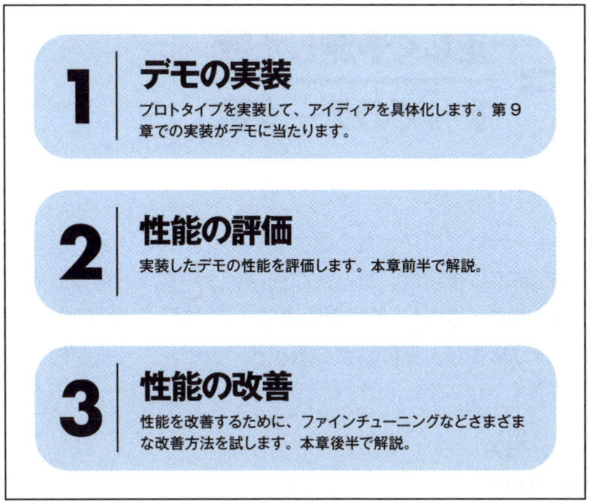

1 デモの実装
プロトタイプを実装して、アイディアを具体化します。第9章での実装がデモに当たります。

2 性能の評価
実装したデモの性能を評価します。本章前半で解説。

3 性能の改善
性能を改善するために、ファインチューニングなどさまざまな改善方法を試します。本章後半で解説。

図10-2 LLMを用いたプログラム開発ステップ

　本章では、性能の評価と改善方法を説明し、実際に9章で実装したレビュー分析プログラムを評価・改善します。このような評価・改善の知識は、実際にLLMプログラムを開発するなら不可欠です。

　改善方法にはさまざまな方法がありますが、本章では**ファインチューニング**を取り上げます。そのほかには、プロンプトエンジニアリングや、RAGといった手法があります。これらについては次章以降で解説しています。

10.1 LLMプログラムの評価

10.1.1　LLMプログラムの評価とは

　LLMプログラムの評価とは、テストにおける答え合わせのようなものです。LLMの出した回答がどれだけ正確か数値で可視化します。

　LLMの予測精度を数値化する方法の1つが**正解率（Accuracy）**という指標です。正解率は、予測がどれだけ正確であったかをパーセンテージで示すものです。たとえば、100件のデータに対して90件が正しく予測された場合、正解率は90％となります（図10-3）。

$$\text{正解率} = \frac{\text{正しく予測した数}}{\text{すべてのデータ数}}$$

図10-3 正解率の式

　前章で実装した、レビュー分析プログラムの場合で考えてみましょう。前章ではレビュー文から高評価・低評価要素を特定しました。たとえば、レビュー文が「音質は良いが、装着感は悪い」の場合は、高評価要素に「音質」、低評価要素に「装着感」を特定しました。
　プログラムの詳細は後述しますが、先に結果を示すと、レビュー分析プログラムの正解率は以下になります。

- **高評価要素の正解率：75%**
- **低評価要素の正解率：80%**

　高評価要素は75%、低評価要素は80%正しく予測できていることがわかります。これにより現状の性能を把握でき、さらに改善にも役立てられます。実際に本章後半では、改善方法としてファインチューニングを使用します。こちらも先に結果を示すと、性能はそれぞれ以下のように改善されます。

- **高評価要素の正解率：95%**（改善前は75%、**20%**の改善）
- **低評価要素の正解率：95%**（改善前は80%、**15%**の改善）

　それぞれ大幅に性能改善していることがわかります。このように、性能を評価することで、改善の効果も可視化できます。正解率が何%以上が高性能で、何%以下が低性能ということは一概には言えませんが、一般的には90%を超えれば十分な性能とされます。
　たとえば、正解率95%の場合、新しく100件のレビューを分析した場合、約95件のレビューを正確に分析することが期待できます。95%の正解率は、レビューを分析するプログラムとしては、製品やサービスの改善に役立てられる性能と言えるでしょう。

10.1.2　LLMプログラムの評価方法

　ここからは正解率の評価方法について説明します。先述した通り、正解率は「正しく予測した数÷すべてのデータ数」という式で計算されます。
　レビュー分析のサンプルプログラムの場合を考えてみましょう。1件のレビュー文を評価する場合、以下のようになります。

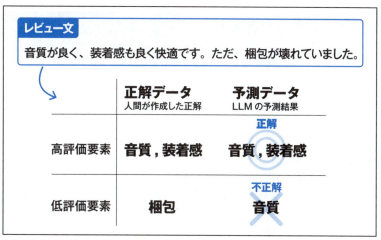

図10-4 予測データと正解データの比較

　図10-4ではLLMの予測結果と、人間が作成した正解を比較して、高評価・低評価要素を評価しています。結果、高評価要素は正解していますが、低評価要素では不正解なことがわかります。このような予測データと正解データの比較をすべてのデータで行い、正解数を出します。

　一般的には、正解データは人間が作成します。テストで言えば、問題を解くのがLLMで、模範解答を用意するのが人間の役割と言えるでしょう。サンプルプログラムでは、筆者が正解データを作成しています。前章の予測結果データ20件と、それに対応した正解データを使用して、正解率を計算します（図10-5）。

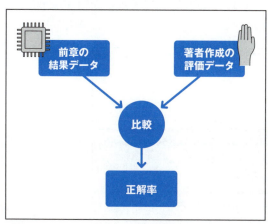

図10-5 サンプルプログラムの正解率の計算方法

10.2 評価プログラムの実行

ここからはPythonコードを実行して、正解率を計算します。正解率の計算を行うコードは図10-6のフローになります。

図10-6 サンプルプログラムのフローチャート

まず初めに、本書サポートページにアクセスし、Pythonコード一覧の［第10章_LLMの実装の評価とファインチューニングによる改善］をクリックしてGoogle Colabを開いてください（本書のサポートページURLは本書冒頭の「本書を読む前に」に記載されています）。図10-7の画面が表示されます。

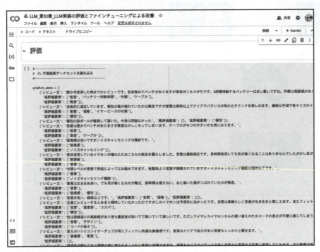

図10-7 Google Colabの最初の画面

10.2.1 ステップ1　データの準備

　Google Colabのコードブロック「#1.予測結果データセットを読み込み」と「#2.正解データを読み込み」の［ ］ボタン（＝［実行］ボタン）をクリックして実行します。［ ］ボタンは図10-8の四角で囲われた部分にあります。これによって、前章で予測した結果と、それを評価する正解データが読み込まれます。

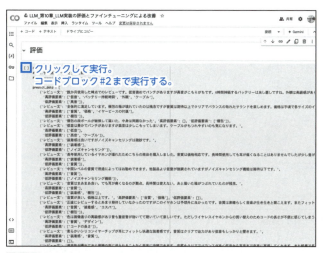

図10-8　「#1.予測結果データセットを読み込み」と「#2.正解データを読み込み」の［ ］ボタンをクリックして実行

> **注意事項**　筆者が作成したものを共有するため、［ ］ボタンを押した際に『警告：このノートブックはGoogleが作成したものではありません』という注意が表示されることがあります（図10-9）。表示された場合は［このまま実行］を押してください。

図10-9　実行時に出る警告画面

10.2.2　ステップ2　正解率の計算

（1）Google Colabのコードブロック「#3.正解率を計算する関数」と「#4.正解率の計算と結果の表示」の［ ］ボタンをクリックします（図10-10）。

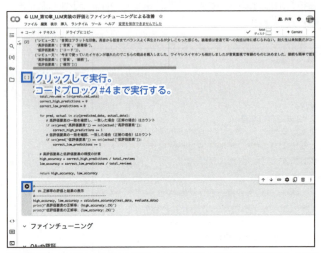

図10-10　「#3.正解率を計算する関数」と「#4.正解率の計算と結果の表示」を実行

（2）処理が正常に完了すると、図10-11のように高評価要素の正解率と、低評価要素の正解率がそれぞれ表示されます。

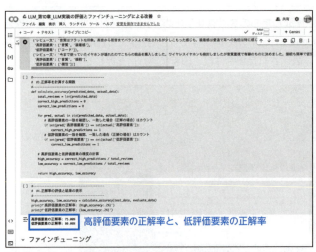

図10-11　高評価要素の正解率と、低評価要素の正解率が表示される

　ここまででコードが正常に動くことが確認できましたでしょうか。以降では、各コードについて説明します。

> **補足情報** Google Colabのセッションタイムアウトについて
>
> Google Colabは、操作のない時間が続くと自動的にセッションがタイムアウトする場合があります。セッションがタイムアウトした場合は、コードブロック#1から再実行してください。

10.3 コードの説明

10.3.1 ステップ1　正解データの準備

10.3.1.1 #1. 予測結果データセットを読み込み

```
#---------------------------------------------
#   #1.予測結果データセットを読み込み
#---------------------------------------------

predict_data = [   ①
    {'レビュー文': '数か月使用した時点でのレビューです。低音強めでパンチがありますが高音がこもりがちです。6時間持続するバッテリーは良し悪しですね。外観は高級感がありケーブルも絡まりにくいです。',
     '高評価要素': ['低音', 'バッテリー持続時間', '外観', 'ケーブル'],
     '低評価要素': ['高音']},
    {'レビュー文': '全体的に満足しています。梱包の箱が壊れていたのは残念ですが音質は期待以上でクリアでバランスの取れたサウンドを楽しめます。価格は手頃で各サイズのイヤーピースが付属しているのも便利です。長時間の使用に耐えられるかどうかはまだわかりませんが予備のイヤホンとしては最適な選択肢だと思います。',
     '高評価要素': ['音質', '価格', 'イヤーピースの付属'],
     '低評価要素': ['梱包']},

    （以降のデータは省略）
    ]
predicted_data = predict_data[:20]   ②
```

前章のレビュー分析プログラムの予測結果を読み込みます。ここでは著者の環境で作成した予測結果をテキスト形式で読み込んでいます。実際の開発では、予測結果をcsvなどに書き出し、それを読み込むのが一般的です。本書では、ファイルのダウンロードなど、読者の作業負担を減らすためにこの形を採用しています。

①では、予測結果データを読み込みます。predict_dataは、レビュー文とそれに対する高評価と低評価の要素を含んでいます。

②では、predict_dataからテスト用に最初の20個を抽出して保存します。これらの抽出した20個に対応する正解データを次のコードブロック#2で読み込みます。

10.3.1.2　#2.正解データを読み込み

```
#--------------------------------------------
#  #2.正解データを読み込み
#--------------------------------------------
true_data = [{'レビュー文': '数か月使用した時点でのレビューです。低音強めでパンチがあ
りますが高音がこもりがちです。外観は高級感がありケーブルも絡まりにくいです。',
    '高評価要素': ['低音', '外観', 'ケーブル'],
    '低評価要素': ['高音']},
    {'レビュー文': '全体的に満足しています。梱包の箱が壊れていたのは残念ですが音質は期待以上
でクリアでバランスの取れたサウンドを楽しめます。価格は手頃で各サイズのイヤーピースが付属して
いるのも便利です。長時間の使用に耐えられるかどうかはまだわかりませんが予備のイヤホンとしては
最適な選択肢だと思います。',
    '高評価要素': ['音質', '価格', 'イヤーピース'],
    '低評価要素': ['梱包']},

（以降のデータは省略）
    ]
```

正解データを読み込みます。正解データは予測結果データセットと構造は同じですが、高評価要素・低評価要素にそれぞれ著者が作成した正解が入っています。

10.3.2　ステップ2　正解率の計算

10.3.2.1　#3.正解率を計算する関数

```
#--------------------------------------------
#  #3.正解率を計算する関数
#--------------------------------------------
def calculate_accuracy(predicted_data, true_data):
    total_reviews = len(predicted_data)          ①
    correct_high_predictions = 0                 ②
    correct_low_predictions = 0                  ②

    for pred, true in zip(predicted_data, true_data):
        # 高評価要素の一致を確認し、一致した場合（正解の場合）はカウント
        if set(pred['高評価要素']) == set(true['高評価要素']):   ③
            correct_high_predictions += 1
        # 低評価要素の一致を確認、一致した場合（正解の場合）はカウント
        if set(pred['低評価要素']) == set(true['低評価要素']):   ③
            correct_low_predictions += 1

    # 高評価要素と低評価要素の正解率の計算
    highly_rated_accuracy = correct_high_predictions / total_reviews   ④
    low_rated_accuracy = correct_low_predictions / total_reviews       ④

    return highly_rated_accuracy, low_rated_accuracy   ⑤
```

予測データと正解データを比較し、高評価要素と低評価要素それぞれの正解率を計算します。

①では、total_reviewsにレビューの総数を保存します。これは、正解率計算における分母として使用します。

②は、高評価要素と低評価要素の正解数を数えるための変数として、correct_high_predictionsとcorrect_low_predictionsを定義します。

③の部分で、各レビューに対して予測された要素と正解の要素が一致しているかどうかを確認しています。setを使用することで、リストの順不同で要素の一致を確認できます。たとえば高評価要素に['音質', '装着感']と予測し、正解が['装着感', '音質']だった場合も正解になります。一致した場合、対応する変数にカウントします。

④で、高評価要素と低評価要素の正解率を計算します。正しい予測数を総レビュー数で割ることで正解率が求められます。

⑤では、計算された高評価要素と低評価要素の正解率を返します。

10.3.2.2　#4.正解率を評価し、表示する

```
#---------------------------------------------
#  #4.正解率を評価し、表示する
#---------------------------------------------
highly_rated_accuracy, low_rated_accuracy = calculate_accuracy(predicted_data, true_data)   ①
print(f'高評価要素の正解率: {highly_rated_accuracy:.2%}')   ②
print(f'低評価要素の正解率: {low_rated_accuracy:.2%}')   ②
```

このコードでは、「#3.正解率を計算する関数」で実装した関数を使用して、正解率を計算し、結果を表示します。具体的なステップは以下の通りです。

①では、#3で実装したcalculate_accuracy関数を呼び出し、predicted_data（予測結果データ）とtrue_data（正解データ）を引数として渡します。この関数は、それぞれの正解率を計算し、その結果をhighly_rated_accuracyとlow_rated_accuracyにそれぞれ保存します。

②では、print関数を用いて計算された正解率を表示します。「:.2%」の部分は、数値をパーセンテージとして表示し、小数点以下2桁まで表示するための指定です。たとえば、0.9123の場合、「91.23%」と表示されます。ここまで実行すると、以下のような出力が表示されます：

- **高評価要素の正解率**：75.00%
- **低評価要素の正解率**：80.00%

このように、正解率による評価を通じて、プログラムがどの程度の精度で高評価要素と低評価要素が予測できているかを把握できます。この評価結果は、以降で説明するモデルの改善や問題点の特定にも役立ちます。ここでは正解率を使いましたが、F1スコアや、再現率（Recall）など、他の指標を用いることもできます。

10.4 ファインチューニングによる性能改善

ここまでで、LLMプログラムの評価について解説しました。評価の結果、サンプルプログラムの正解率は約80%だとわかりました。ここからは、その正解率をさらに改善するステップに進みます（図10-12）。

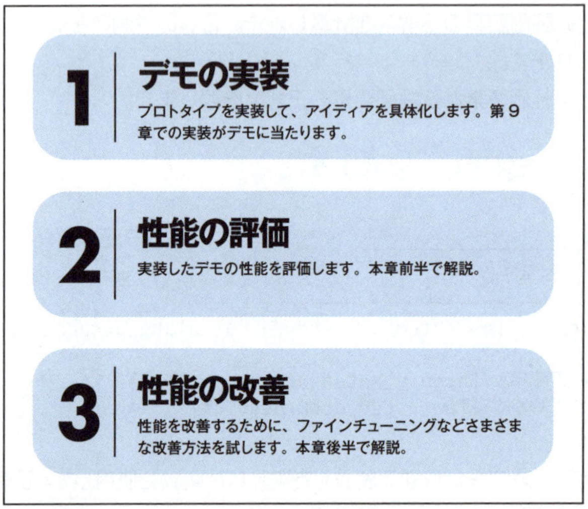

1 デモの実装
プロトタイプを実装して、アイディアを具体化します。第9章での実装がデモに当たります。

2 性能の評価
実装したデモの性能を評価します。本章前半で解説。

3 性能の改善
性能を改善するために、ファインチューニングなどさまざまな改善方法を試します。本章後半で解説。

図10-12 LLMプログラムの開発ステップ

性能改善により、プログラムがより高性能になれば、より実用的で、より信頼できるものになります。ここでは性能改善のための方法として、**ファインチューニング**を取り上げます。この方法は、高性能なLLMプログラムを開発するには必須の知識です。まずファインチューニングの概念について理解し、その後にPythonコードで実装してみましょう。

10.4.1 ファインチューニングとは

ファインチューニングとは、LLMが正解例を学習することで、LLMの能力を特定のタスクに特化させる方法です[1]。ファインチューニングでは、数十〜数百件の正解例を、LLMに追加で学習させます。つまり、図10-14に示すように、LLM自体をチューニングすることで「ファインチューニング済みLLM」を取得することができます。

---

1 ここで説明するファインチューニングは第6章で解説したものと同じです。第6章では、会話に特化することを目指し、本章のサンプルプログラムはレビュー分析への特化を目指しています。

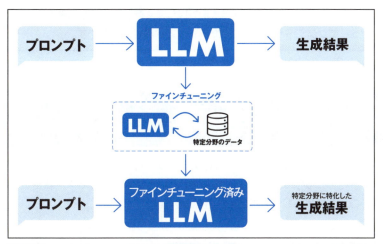

図10-13 ファインチューニングによるLLMの調整

　取得したファインチューニング済みLLMは、ファインチューニングで学習した、特定分野での性能向上が期待できます。
　サンプルプログラムでは「レビュー文から高評価・低評価要素を特定する」というタスクにファインチューニングしており、より正確なレビュー文の分析が期待できます。
　Geminiでは無料プランでもファインチューニングを行えます。以降では、サンプルプログラムで実際にファインチューニングを行ってみましょう。

> **補足情報** サンプルプログラムのファインチューニングデータについて
>
> 　サンプルプログラムのファインチューニングでは、全50件のレビュー文データから30件使用しています。これは先述した評価用のデータ20件を除いたデータです。
>
>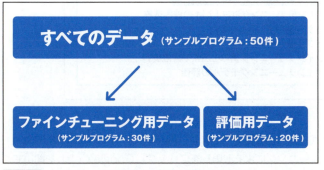
>
> 図10-14 ファインチューニング用と評価用データの分割
>
> 　図10-14のように、ファインチューニング用データと評価用データは分けなければいけません。なぜなら、ファインチューニングで評価用データを学習してしまうと、正しい性能評価ができなくなるからです。これはテスト前の勉強教材に、本番のテスト問題を使うようなもので、不正に正解率が上がってしまう可能性があります。
> 　これは**過学習（overfitting）**と呼ばれ、LLMが評価用データに対しては高い性能を示す

ものの、新しいデータや実際の適用状況ではうまく機能しなくなります。したがって、ファインチューニングデータとは独立したデータでの評価が必要です。

10.5 性能改善プログラムの実行

ファインチューニングは大きく3つのステップで行います（図10-15）。注意点としては、ファインチューニングにはGoogle OAuth[2]という認証が必要です。認証していない場合はGoogle Colabを実行してもエラーが出てしまいます。

図10-15 サンプルプログラムのフローチャート

まず本書サポートページにアクセスし、Pythonコード一覧の［第10章_LLMの実装の評価とファインチューニングによる改善］をクリックしGoogle Colabを開いてください（本書のサポートページURLは本書冒頭の「本書を読む前に」に記載されています）。（本章前半の性能評価で使用したものと同じです）。

---

2 Google OAuthは、Googleのサービス（今回の場合はGemini）に安全にアクセスするために使用する認証システムです。

> **OAuthの認証**
>
> 　Geminiを使ってコードベースでファインチューニングを行うには、Google OAuthという複雑な認証が必要です。もし認証手順が複雑すぎると感じた場合は、以降の解説ではプログラムの実行結果も載せているので、実行結果を画像で確認し、本書を読み進めてください。

10.5.1　ステップ１　環境設定｜Google OAuth を設定

　Google OAuthの認証は、Googleの公式チュートリアルに則って行ってください。以下のリンクからGoogle公式チュートリアルにアクセスできます。

・OAuth による認証のクイックスタート（図10-16）
https://ai.google.dev/gemini-api/docs/oauth?hl=ja

図10-16　Google OAuthの認証のGoogle公式チュートリアル

> **補足情報** ブラウザ上でGeminiをファインチューニングする
>
> 　Google OAuthを使用せずに、Geminiのブラウザ上でファインチューニングを行う方法もあります。ファインチューニング用のデータをGoogleスプレッドシートやCSVファイルからインポートすることで実行できます。本書のサンプルプログラムはこの方法には対応していませんが、Google OAuth認証を避けたい方には便利な方法です。
>
>
>
> 図10-17　Geminiはブラウザ上でもファインチューニング可能（URL：https://aistudio.google.com/app/tune）

10.5.2　ステップ2　ファインチューニングの実行

＊以降のプログラムは、Google OAuthが正しく認証されていないとエラーが発生し実行できません。

(1) Google Colabの「#6.パッケージのインストール」〜「#10.使用可能なファインチューニング済みGeminiモデルを表示」の［ ］ボタンをクリックして実行します。［ ］ボタンは図10-17の四角で囲われた部分にあります。これによって、ファインチューニングが実行されます。

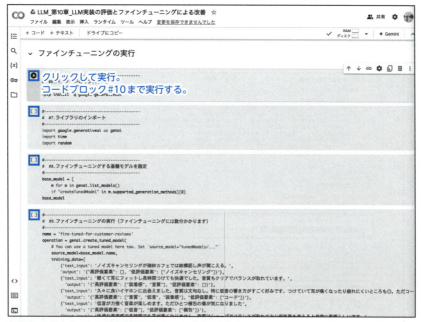

図10-17 「#6.パッケージのインストール」～「#10.使用可能なファインチューニング済みGeminiモデルを表示」の実行ボタンをクリックして実行

(2)「#9.ファインチューニングの実行」まで正常に実行されると、図10-18のような進行状況がプログレスバーで可視化されます。ファインチューニングが完了するまで、数分以上かかります。完了を待ちます。

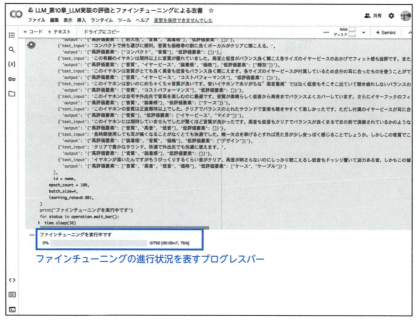

図10-18 進行状況がプログレスバーで可視化

(3) ファインチューニングが正常に完了すると「#10.使用可能なファインチューニング済みGeminiモデルを表示」の実行結果に、ファインチューニング済みLLMとして「fine-tuned-customer-reviews」が表示されます（図10-19）。

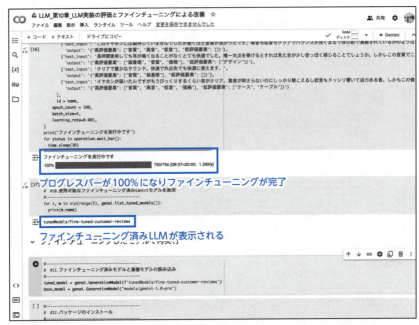

図10-19 ファインチューニング済みLLMとして「fine-tuned-customer-reviews」が表示

10.5.3　ステップ3　ファインチューニング済みLLMを使い、再度レビュー分析し正解率を評価

(1) Google Colabのコードブロック「#11.ファインチューニング済みモデルと基盤モデルの読み込み」〜「#15.ファインチューニングモデルの評価」の［ ］ボタンをクリックして実行します。［ ］ボタンは図10-20の四角で囲われた部分にあります。これによって、ファインチューニングを行ったモデルで再度、レビュー分析を行います。そのうえで性能が向上したか確認するために正解率を評価します。

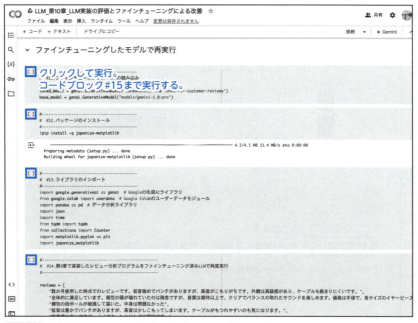

図10-20 「#11.ファインチューニング済みモデルと基盤モデルの読み込み」～「#15.ファインチューニングモデルの評価」の実行ボタンをクリックして実行

(2)「#14.第9章で実装したレビュー分析プログラムをファインチューニング済みモデルで再度実行」まで正常に実行完了すると、図10-21のようにレポートと分析結果のグラフが表示されます。これを見ただけでは、ファインチューニング前と後で変化がわかりづらいため、改めて性能を評価します。

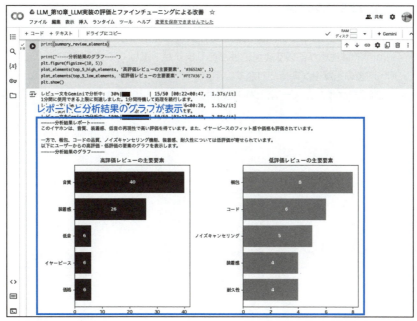

図10-21 レポートと分析結果のグラフが表示

(3)「#15. ファインチューニングモデルの評価」の実行結果に、ファインチューニング済み
LLMの正解率が表示されます（図10-22）。

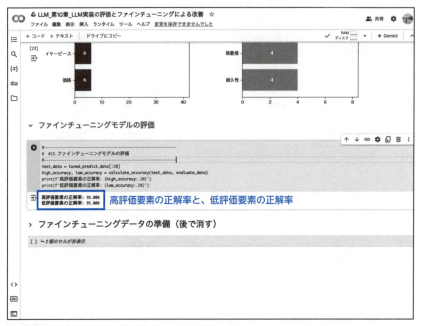

図10-22 ファインチューニング済みLLMの正解率が表示

それぞれの正解率は以下のようになります。

- **高評価要素の正解率**：95%（ファインチューニング前は75%、20%の改善）
- **低評価要素の正解率**：95%（ファインチューニング前は80%、15%の改善）

ファインチューニング前と比較すると大幅に正解率が改善されていることがわかります。Geminiでは性能が前後する可能性がありますが、正しくファインチューニングできていれば90%前後の正解率が期待されます。

これでファインチューニングの実行は完了です。以降では、各コードについて解説します。

10.6 コードの説明

10.6.1 ステップ1　環境設定｜Google OAuth を設定

10.6.1.1　#5. Google Colab で OAuth の認証情報を設定

```
#-----------------------------------------
#  #5. Google ColabでOAuthの認証情報を設定
#-----------------------------------------
import os
import pathlib
from google.colab import userdata

pathlib.Path('client_secret.json').write_text(userdata.get('CLIENT_SECRET'))  ①
!gcloud auth application-default login --no-browser --client-id-file client_secret.json --scopes='https://www.googleapis.com/auth/cloud-platform,https://www.googleapis.com/auth/generative-language.tuning'  ②
```

　このコードでは、Google Colab上でOAuthの認証情報を設定しています。
　①では、google.colab.userdataを用いて、ユーザーが設定したCLIENT_SECRETから取得した認証情報をローカルファイルclient_secret.jsonに書き込んでいます。pathlib.Pathオブジェクトを使用してファイルパスを指定し、write_textメソッドで中身をファイルに書き込んでいます。
　②は、書き込まれたclient_secret.jsonファイルを使用して、gcloudコマンドラインツールを通じてGoogle Cloud APIへの認証を行います。ここで使用されるgcloud auth application-default loginは、アプリケーションの認証情報を設定するためのもので、--client-id-fileオプションで①で作成した認証情報が書かれたJSONファイルを指定しています。

10.6.2 ステップ2　ファインチューニングの実行

10.6.2.1　#6. パッケージのインストール

```
#-----------------------------------------
#  #6. パッケージのインストール
#-----------------------------------------
!pip install -q google-generativeai
```

　このコードでは、Pythonのパッケージ管理システムであるpipを使用して後続の処理に必

要なパッケージをインストールしています。具体的には、Geminiの使用に必要なgoogle-generativeaiというパッケージをインストールしています。

10.6.2.2　#7.ライブラリのインポート

```
#----------------------------------------
#  #7.ライブラリのインポート
#----------------------------------------
import google.generativeai as genai   ①
import time   ②
import random   ③
```

このコードでは、Pythonプログラムで使用するためのライブラリをインポートしています。

①では、先ほどインストールしたgoogle-generativeaiをgenaiという別名でGoogleの生成AI関連の機能にアクセスできるようにインポートしています。

②は、Pythonの標準ライブラリの1つであるtimeモジュールをインポートしています。このモジュールは、プログラム内で時間に関連する操作を行うために使用します。

③では、同じくPythonの標準ライブラリのrandomモジュールをインポートしています。このモジュールは乱数を生成するための機能を備えており、プログラム内でランダムな選択やシャッフルなどが必要な場合に利用します。

10.6.2.3　#8.ファインチューニングする基盤モデルを設定

```
#----------------------------------------
#  #8.ファインチューニングする基盤モデルを設定
#----------------------------------------
base_model = [
    m for m in genai.list_models()
    if "createTunedModel" in m.supported_generation_methods][0]   ①
base_model   ②
```

このコードブロックでは、Geminiを利用してファインチューニング可能な基盤モデルを選択しています。

①では、genai.list_models()関数を使って利用可能な全モデルのリストを取得し、その中からファインチューニングをサポートしているモデルを抽出しています。

②では、選択されたbase_modelを表示します。

10.6.2.4　#9.ファインチューニングの実行

```
#----------------------------------------
#  #9.ファインチューニングの実行（ファインチューニングには数分かかります）
#----------------------------------------
name = 'fine-tuned-for-customer-reviews'   ①
operation = genai.create_tuned_model(
    # You can use a tuned model here too. Set source_model="tunedModels/..."
```

```
        source_model=base_model.name,   ②
        training_data=[   ③
            {'text_input': 'ノイズキャンセリングが微妙。カフェでは結構話し声が聞こえる。',
             'output': '{"高評価要素": [], "低評価要素": ["ノイズキャンセリング"]}'},
            {'text_input': '軽くて耳にフィットし長時間つけても快適でした。音質もクリアでバ
ランスが取れています。',
             'output': '{"高評価要素": ["装着感", "音質"], "低評価要素": []}'},
        #以降のファインチューニングデータは省略
        ],
        id = name,   ④
     epoch_count = 5,   ⑤
     batch_size=4,   ⑥
     learning_rate=0.001,   ⑦
)
for status in operation.wait_bar():   ⑧
    time.sleep(30)
```

このコードでは、Geminiのファインチューニングを実行しています。

①では、ファインチューニング済みLLMの名前を設定しています。ここでの名前は'fine-tuned-for-customer-reviews'としており、これが新しくファインチューニングされるLLMの名前になります。

②では、ファインチューニングする基盤となるモデルを指定しています。これは、「#8.ファインチューニングする基盤モデルを設定」で選択されたbase_modelを使用します。

③は、ファインチューニングに使用するデータを指定します。ここでは、'text_input'にレビュー文、'output'に正しい予測結果をリスト形式で保存しています。

④では、生成されるファインチューニングモデルのIDを設定しています。これは先に設定した名前nameを使用します。

⑤は、学習の繰り返し数(エポック数)を指定します。ここでは5に指定しています。

⑥では、バッチサイズを指定しています。これは一度に処理するデータの量を意味し、ここでは4に設定しています。

⑦では、学習率を設定しています。これは学習の進行速度を調整する値で、ここでは0.001に設定しています。

⑧の'for status in operation.wait_bar():'は、ファインチューニングの進行状況を確認するためのものです。ファインチューニングの処理が完了するまで、ユーザーに進行状況を表示します。

10.6.2.5　#10.使用可能なファインチューニング済みGeminiモデルを表示

```
#---------------------------------------------
#  #10.使用可能なファインチューニング済みGeminiモデルを表示
#---------------------------------------------
for i, m in zip(range(5), genai.list_tuned_models()):
    print(m.name)
```

このコードでは、利用可能なファインチューニング済みのGeminiモデルを表示します。こ

こに先ほどファインチューニングしたモデル名が表示されれば、正常にファインチューニングが完了しています。

10.6.3　ステップ3　ファインチューニング済みLLMを使い、再度レビュー分析し正解率を評価

10.6.3.1　#11.ファインチューニング済みモデルと基盤モデルの読み込み

```
#------------------------------------------
#  #11.ファインチューニング済みモデルと基盤モデルの読み込み
#------------------------------------------
tuned_model = genai.GenerativeModel(f'tunedModels/fine-tuned-for-customer-reviews')  ①
base_model = genai.GenerativeModel("models/gemini-1.0-pro")  ②
```

　このコードでは、Googleの生成AIライブラリを使用して、ファインチューニング済みのモデルと基盤モデルをそれぞれ読み込んでいます。

　①では、ファインチューニング済みのGeminiを読み込んでいます。ここで指定されている'tunedModels/fine-tuned-for-customer-reviews'は、先ほどファインチューニングしたLLMです。これによって、指定されたファインチューニング済みモデルがtuned_modelという変数に保存されます。

　②は、元の（ファインチューニングされていない）Geminiモデルを読み込んでいます。このLLMは要約に使用します。

10.6.3.2　#12.パッケージのインストール

```
#------------------------------------------
#  #12.パッケージのインストール
#------------------------------------------
!pip install -q japanize-matplotlib
```

　japanize-matplotlibパッケージをインストールします。japanize-matplotlibは、matplotlibライブラリで日本語を正しく表示するためのパッケージです。

10.6.3.3　#13.ライブラリのインポート

```
#------------------------------------------
#  #13.ライブラリのインポート
#------------------------------------------
import google.generativeai as genai   # Googleの生成AIライブラリ
from google.colab import userdata   # Google Colabのユーザーデータモジュール
import pandas as pd   # データ分析ライブラリ
import json
import time
```

```
from tqdm import tqdm
from collections import Counter
import matplotlib.pyplot as plt
import japanize_matplotlib
```

後続の処理に必要なライブラリをインポートします。

10.6.3.4　#14.第9章で実装したレビュー分析プログラムをファインチューニング済みモデルで再度実行

このコードはレビュー分析を行うプログラムで、第9章で説明したものと同様ですので、詳細は第9章を確認してください。変更点は、ファインチューニング済みLLMを使用している点のみです。

10.6.3.5　#15.ファインチューニングモデルの評価

```
#--------------------------------------------------------------
#  #15.ファインチューニングモデルの評価
#--------------------------------------------------------------
test_data = tuned_predict_data[:20]   ①
highly_rated_accuracy, low_rated_accuracy = calculate_accuracy(test_data,
true_data)   ②
print(f'高評価要素の正解率: {highly_rated_accuracy:.2%}')   ③
print(f'低評価要素の正解率: {low_rated_accuracy:.2%}')   ④
```

このコードでは、ファインチューニング済みLLMの評価を行います。

①は、ファインチューニングのために用いた予測データセットtuned_predict_dataから最初の20件をテストデータとして抽出しています。

②では、本章前半部で実装したcalculate_accuracy関数を使用して、抽出したテストデータtest_dataを基に評価を行います。テストデータと正解データであるtrue_dataを比較し、高評価要素と低評価要素の正解率を計算して返します。

③と④では、計算された高評価と低評価の要素の正解率をそれぞれ表示します。「:.2%」の部分は、数値をパーセンテージとして表示し、小数点以下2桁まで表示するための設定です。たとえば、0.9123 を表示する場合、「91.23%」となります。

本章のポイントと次のステップ

　本章では、LLMプログラムの評価と性能改善について解説しました。実際に第9章で実装したサンプルプログラムを使用し、ファインチューニングによって性能の大幅な改善が実現できました。評価と改善というプロセスを学ぶことで、より実践的な開発スキルを磨けたはずです。

- **LLMプログラムの評価**
    - LLMプログラムの生成結果がどれだけ信用できるか可視化するためには、評価が必要。

- 基本的な評価指標として正解率が挙げられる。正解率は、正しく予測したデータ数÷全てのデータ数。

● **ファインチューニングによる性能改善**
- ファインチューニングでは、特定タスクの学習データを使ってLLMをチューニングする。これによって、特定のタスクに特化し、性能向上が期待できる。
- ファインチューニング用のデータと評価用のデータは、過学習を避けるために分割する必要がある。

次章では、LLM実装におけるテクニックとして、プロンプトエンジニアリングを解説します。

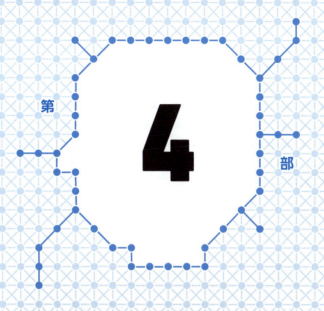

第4部

知っておきたい
LLM開発の知識

　第4部では知っておきたいLLM開発の知識として、開発に役立つ3つのトピックを解説します。

- **プロンプトエンジニアリング（11章で解説）**：効果的なプロンプトを素早く見つける方法論
- **LLMの比較方法と選び方（12章で解説）**：プロジェクトに最適なLLMを見つける方法
- **LangChainとRAG（13章で解説）**：LLMを使った開発を効率化するフレームワーク

　ニュースなどで「プロンプトエンジニアリング」や「RAG」という言葉を聞いたことがあるかもしれません。これらの技術は、ChatGPTの登場以降急速に普及し、LLMを活用したプログラムやサービス開発には不可欠です。最新技術を学び、より発展的な開発スキルを身につけましょう。

　なお、第4部の各章は独立しており、どの章からでも読み進められます。

第11章
プロンプトエンジニアリング 良いプロンプトを見つける方法

　LLMはユーザーからのプロンプトに従ってテキストを生成します。そのため、LLMの性能を最大限引き出し、望んだ結果を得るには、「良いプロンプト」が必要です。では、「良いプロンプト」とは何でしょうか。たとえばLLMについて質問する場合、さまざまな表現ができます。たとえば、次のようなプロンプトが考えられます。

- LLMとは？
- LLMについて教えて。
- LLMについての概要を記述してください。

　無数のプロンプトの中から、効果的なプロンプトを見つけるための方法論が**プロンプトエンジニアリング**です。これは、プロンプトをより良くするテクニックのようなものです。たとえば、生成されるテキストの統一したい場合は、本章11.3で紹介する「フォーマット指定」、複雑な問題を解きたい場合は本章11.4の「思考の連鎖プロンプト」が役立ちます。

　ビジネスや研究でLLMを使うなら、プロンプトエンジニアリングは不可欠です。なぜなら、プロンプトの質は性能向上だけでなく、コスト削減にもつながるからです。効果的なプロンプトであれば、低コストのLLMでも十分な結果が得られることがあります。これによって、性能を担保しつつ、費用削減できるというメリットがあるのです。

　本章では、プロンプトエンジニアリング手法を3ステップで解説します。このステップに沿ってプロンプトを考えるだけで、効果的なプロンプトを見つけられるはずです。

良いプロンプトを見つける3ステップ
　STEP1　ベースとなるプロンプトを作る
　STEP2　良いプロンプトの3つの原則に従う
　STEP3　プロンプトをより効果的にする追加要素を検討する

STEP1 ベースとなるプロンプトを作る

まず、ベースとなるプロンプトを作ります。ここは、複雑なことを考えずLLMに行ってほしいこと（タスク）を記述しましょう。以下がプロンプトの一例です。

> 以下の映画のレビュー文を分析してください。
> レビュー文：アクションシーンは緊張感と迫力があり、見ごたえのある映画だった。

このプロンプトでも十分なように感じるかもしれませんが、実際には改善の余地があります。以降では、プロンプトエンジニアリングの手法を用いて、プロンプトをさらに改善してみましょう。

補足情報　プロンプトギャラリーでプロンプトのテンプレを見つける

ベースとなるプロンプトを考える際に便利なのがプロンプトギャラリーと呼ばれるサイトです。GoogleやOpenAIは、用途ごとのプロンプト例を集めたWebページを公開しており、自分の用途と近いプロンプトのテンプレートを入手できます。

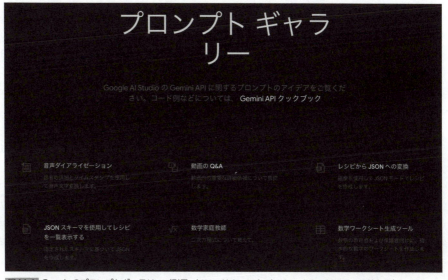

図11-1 Googleのプロンプトギャラリー（引用：https://ai.google.dev/gemini-api/prompts?hl=ja）

11.2 STEP2 良いプロンプトの原則に従う

STEP1でプロンプトのベースができました。STEP2では、**良いプロンプトの原則**にしたがって、プロンプトを改善します。プロンプトには無数の選択肢がありますが、良いプロンプト、悪いプロンプトには共通点があります。それらをまとめたのが、ここで紹介する良いプロンプトの原則です。

11.2.1 良いプロンプトの原則1：曖昧な表現を避ける。記述をより詳細、より明確にする

プロンプトでは、LLMへの指示を明確にする必要があります。先ほど作成したプロンプト例をもう一度見てみましょう。

> 以下の映画のレビュー文を分析してください。
> レビュー文：アクションシーンは緊張感と迫力があり、見ごたえのある映画だった。

このプロンプトには「レビュー文を分析してください」とありますが、どのような分析なのか曖昧ですよね。このプロンプトでは、LLMはどんな分析をすればよいかわからず、一貫性のない生成結果になってしまうでしょう。ここでは、レビュー文の評価について分析するという、明確な指示に書き換えてみましょう。

> 修正前：
> 以下の映画のレビュー文を分析してください。
> レビュー文：アクションシーンは緊張感と迫力があり、見ごたえのある映画だった。
> 修正後：
> 以下の映画のレビュー文を高評価と低評価のどちらかに分類してください。
> レビュー文：アクションシーンは緊張感と迫力があり、見ごたえのある映画だった。

このようにLLMへの指示を明確にすることで、より一貫した生成結果を得ることができます。

11.2.2 良いプロンプトの原則2：指示は否定文ではなく、肯定文にする

あなたはChatGPTから期待通りの返信が得られなかった時に、「それじゃない」や「○○しないで」と送信した経験はありますか？プロンプトでは、否定文の指示は、肯定文の指示よりも効果が薄いと言われています。つまり、「○○しないでください」といった否定文は「○○し

てください」のような肯定文に置き換えるのが推奨されます。実際に、ChatGPTによる生成結果を見てみましょう。まず、否定文を使った悪いプロンプト例です（図11-2）。

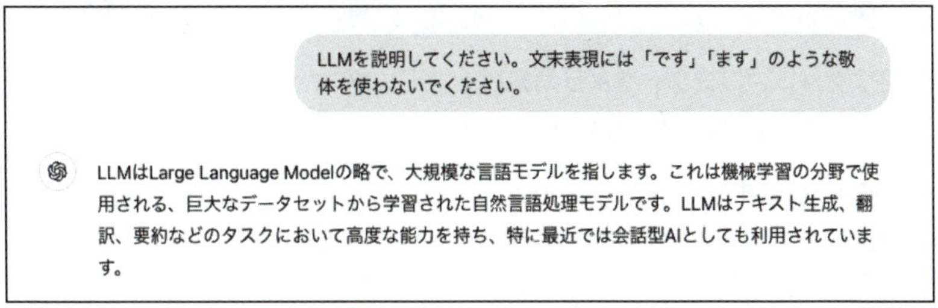

> LLMを説明してください。文末表現には「です」「ます」のような敬体を使わないでください。
>
> LLMはLarge Language Modelの略で、大規模な言語モデルを指します。これは機械学習の分野で使用される、巨大なデータセットから学習された自然言語処理モデルです。LLMはテキスト生成、翻訳、要約などのタスクにおいて高度な能力を持ち、特に最近では会話型AIとしても利用されています。

図11-2 悪いプロンプト例：否定文のプロンプト（GPT-3.5で生成）

このプロンプトでは「です」「ます」のような敬体を使わないように指示しています。しかし生成結果では、敬体が使われておりLLMは指示に従っていません。一方で、否定文ではなく、肯定文で指示した場合を見てみましょう（図11-3）。

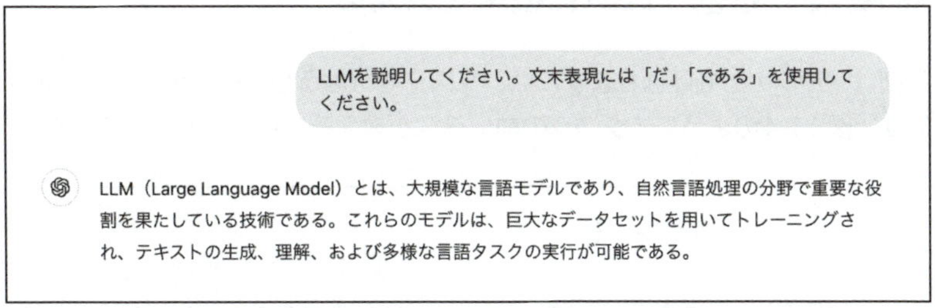

> LLMを説明してください。文末表現には「だ」「である」を使用してください。
>
> LLM（Large Language Model）とは、大規模な言語モデルであり、自然言語処理の分野で重要な役割を果たしている技術である。これらのモデルは、巨大なデータセットを用いてトレーニングされ、テキストの生成、理解、および多様な言語タスクの実行が可能である。

図11-3 良いプロンプト例：肯定文の指示を含むプロンプト（GPT-3.5で生成）

このプロンプトでは「だ」「である」のような常体を使用するように指定しています。結果、ChatGPTは指示に従い、常体で説明しています。このように、否定文を使ったプロンプトは効果が薄いため、「〇〇をしないで」のような否定文は「〇〇してください」という肯定文に言い換えるようにしましょう。

11.2.3 良いプロンプトの原則3：タスクを組み合わせない。小さいタスクに分割する

1つのプロンプトに複数のタスクを入れると、各タスクの精度が低下する可能性があります。下の例のように、小さいタスクに分ければ、より正確な結果が生成されます。

> 悪いプロンプト例：会議の議事録を要約してから、その内容に基づいて上司へのメールを書いてください。
>
> 良いプロンプト例：
> プロンプト1：「会議の議事録を要約してください。」
> プロンプト2：「議事録の要約を基に、上司へのメールを書いてください。」

STEP3 プロンプトをより効果的にする、追加要素を検討する

STEP2では、プロンプトをより効果的に修正しました。ここからは、プロンプトを効果的にするための「追加要素」について解説します。

追加要素① 役割：LLMに役割を教える
追加要素② フォーマット指定：LLMが生成するフォーマットを指定する
追加要素③ 正解例：望ましい生成結果の例を追加する

これらの追加要素をプロンプトに追加することで、LLMの出力の一貫性、および性能の向上が期待できます。具体的なプロンプト例と合わせて、1つ1つ解説します。

11.3.1 追加要素① 役割：LLMに役割を教える

役割（ペルソナとも呼ばれます）は、タスクを行なう仮想の仕事や人物像を与えるプロンプトです。図11-4のように、タスクの前に役割を教えるプロンプトを追加します。

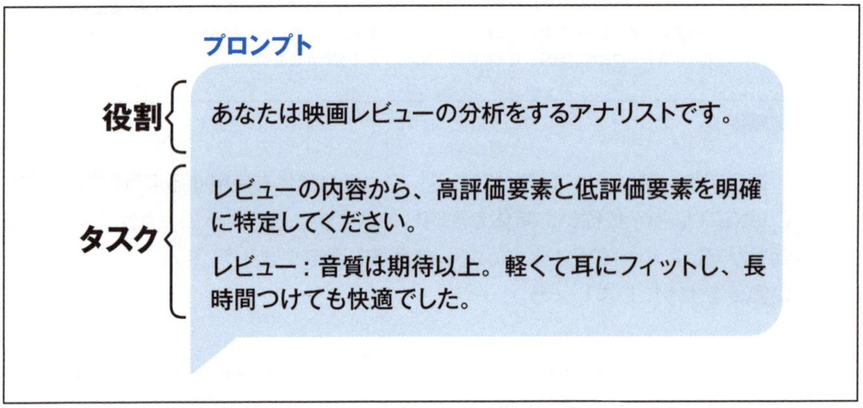

プロンプト

役割：あなたは映画レビューの分析をするアナリストです。

タスク：レビューの内容から、高評価要素と低評価要素を明確に特定してください。
レビュー：音質は期待以上。軽くて耳にフィットし、長時間つけても快適でした。

図11-4 プロンプトの追加要素①：役割

LLMに役割を教えることで、LLMはその役割に合わせた、より自然で、より専門的で正確な文章を生成できると報告されています[1]。例以外にも、以下のようなプロンプト例があります。

- 「あなたは数学者です。微積分の専門知識を使って、以下の問題を解いてください。」
- 「あなたは弁護士です。この契約条項について法的観点からアドバイスをください。」

---

1 (Kong et al. 2023)

11.3.2 追加要素② フォーマット指定：LLMが生成するフォーマットを指定する

フォーマット指定は、生成結果の長さや種類などを指定します。これはプログラムにLLMを組み込む場合、必須の要素です。映画レビュー分析にフォーマット指定を追加すると、図11-5のようになります。

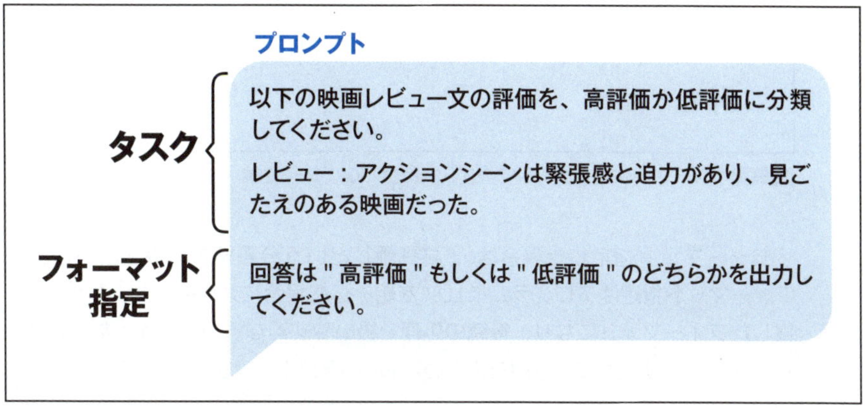

プロンプト

タスク：
以下の映画レビュー文の評価を、高評価か低評価に分類してください。
レビュー：アクションシーンは緊張感と迫力があり、見ごたえのある映画だった。

フォーマット指定：
回答は"高評価"もしくは"低評価"のどちらかを出力してください。

図11-5 プロンプトの追加要素②：フォーマット指定

この例では、生成結果のフォーマットを"高評価"と"低評価"に指定しています。フォーマット指定を追加しない場合と、追加する場合の生成結果を比較してみましょう。まず、フォーマット指定がない場合、図11-6のような生成結果になります。

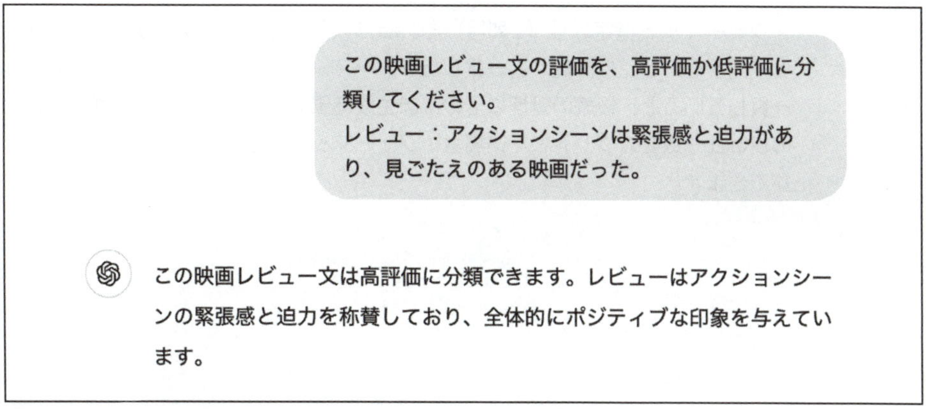

> この映画レビュー文の評価を、高評価か低評価に分類してください。
> レビュー：アクションシーンは緊張感と迫力があり、見ごたえのある映画だった。

> この映画レビュー文は高評価に分類できます。レビューはアクションシーンの緊張感と迫力を称賛しており、全体的にポジティブな印象を与えています。

図11-6 フォーマット指定を使わないプロンプトの出力例（GPT-3.5で生成）

このように"この映画レビュー文は高評価に分類できます。"という文章が生成されます。次にフォーマット指定した場合を見てみましょう（図11-7）。

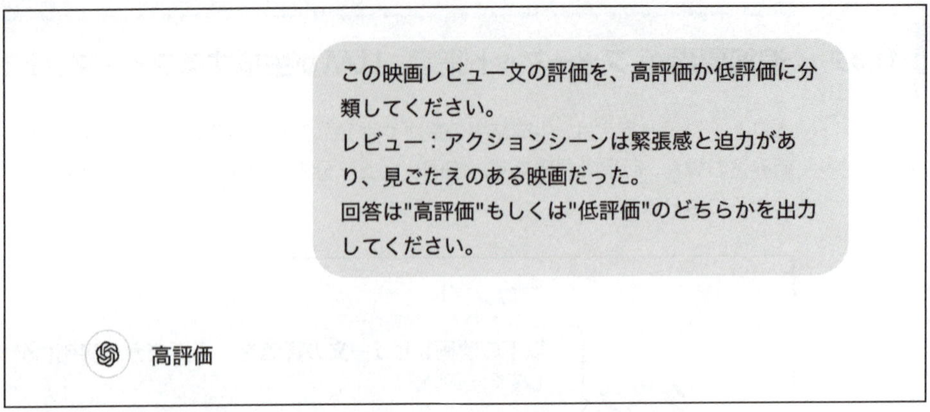

> この映画レビュー文の評価を、高評価か低評価に分類してください。
> レビュー：アクションシーンは緊張感と迫力があり、見ごたえのある映画だった。
> 回答は"高評価"もしくは"低評価"のどちらかを出力してください。

 高評価

図11-7 フォーマット指定を使ったプロンプトの出力例（GPT-3.5で生成）

　フォーマット指定した場合は、"高評価"という分類結果のみを出力します。このようなフォーマット指定はプログラムにLLMを組み込む場合に効果的です。なぜなら、出力結果が一貫したフォーマットになり、後続の処理で扱いやすくなるからです。たとえば、フォーマット指定なしとありの生成結果例をまとめたものが表11-1 です。

表11-1 フォーマット指定なしとありの生成結果

映画レビュー文	評価（フォーマット指定なし）	評価（フォーマット指定あり）
最高の映画だった。	「高評価」です。	高評価
映画の最後のシーンに感動した。	このレビューは高評価です。	高評価
あまり好みではなかった。	低評価に分類されます。	低評価

　フォーマット指定なし（2列目）と、あり（3列目）を比較すると、フォーマット指定ありは"高評価"と"低評価"と一貫したフォーマットで生成しています。このように生成結果が一貫していると、後続の処理にそのまま生成結果を渡せます。たとえば、後続の処理で高評価のレビュー数をカウントしたい場合、フォーマット指定有りの場合は簡単にカウントすることができます。

補足情報 JSONのフォーマット指定

より複雑な生成結果を得る場合は、フォーマットをJSON形式に指定するのが効果的です。

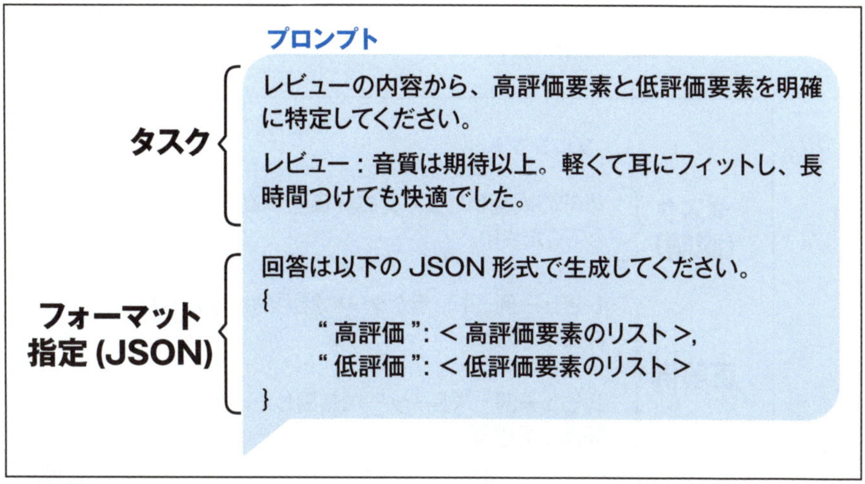

プロンプト

タスク：
レビューの内容から、高評価要素と低評価要素を明確に特定してください。

レビュー：音質は期待以上。軽くて耳にフィットし、長時間つけても快適でした。

フォーマット指定（JSON）：
回答は以下のJSON形式で生成してください。
{
　"高評価"：＜高評価要素のリスト＞,
　"低評価"：＜低評価要素のリスト＞
}

図11-8 JSON形式のフォーマット指定

上記のプロンプトを実行すると、図11-9のような生成結果を得られます。近年では、LLMのAPI設定で「JSON形式で出力する」という設定ができる場合もあります。

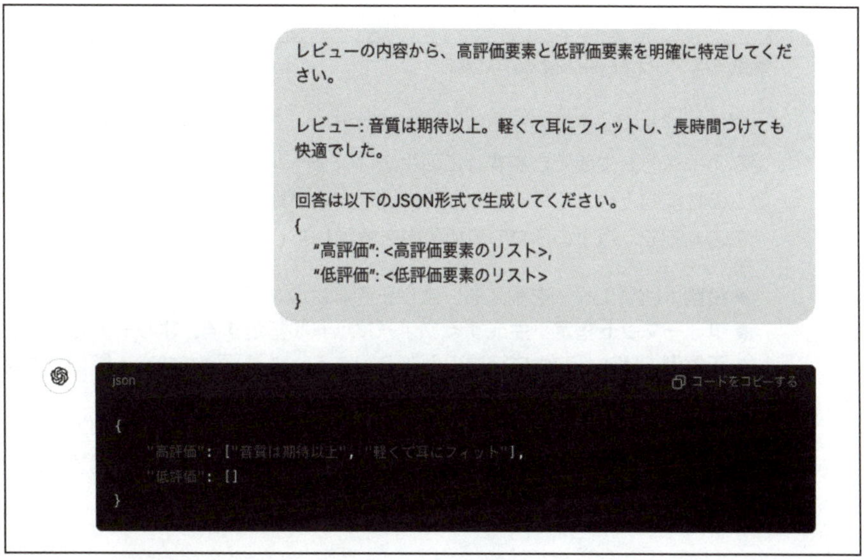

レビューの内容から、高評価要素と低評価要素を明確に特定してください。

レビュー: 音質は期待以上。軽くて耳にフィットし、長時間つけても快適でした。

回答は以下のJSON形式で生成してください。
{
　"高評価": <高評価要素のリスト>,
　"低評価": <低評価要素のリスト>
}

```json
{
    "高評価": ["音質は期待以上", "軽くて耳にフィット"],
    "低評価": []
}
```

図11-9 JSON形式での生成例（GPT-3.5で生成）

11.3.3 追加要素③ 正解例：望ましい生成結果例を追加する

この方法では、入力テキスト例と正解例をプロンプトに追加します。図11-10のように、レビュー例と評価（正解例）をタスクの間に追加します。

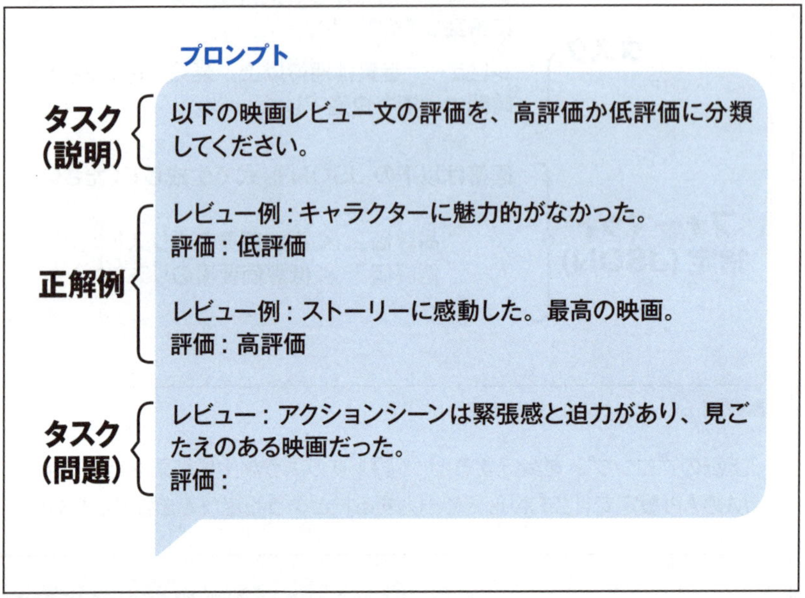

プロンプト

タスク（説明）：以下の映画レビュー文の評価を、高評価か低評価に分類してください。

正解例：
- レビュー例：キャラクターに魅力的がなかった。
  評価：低評価
- レビュー例：ストーリーに感動した。最高の映画。
  評価：高評価

タスク（問題）：
- レビュー：アクションシーンは緊張感と迫力があり、見ごたえのある映画だった。
  評価：

図11-10 プロンプトの追加要素③：正解例

プロンプト中に正解例があると、LLMはどのような生成をすれば良いのか理解でき、より正確なテキストを生成できます。この手法はフューショットラーニングとも呼ばれ、LLMプログラムの性能向上や、フォーマットの一貫性向上が期待できます。

ここまでで、以下の3つの追加要素を解説しました。

- **役割**：LLMに役割を教える。より正確な生成が可能に。
- **フォーマット指定**：生成するフォーマットを指定する。より一貫した生成が可能に。
- **正解例**：望ましい生成結果の例を追加する。より正確かつ、一貫した生成が可能に。

これらを目的に応じて追加することで、より効果的なプロンプトを作成できます。もちろん、複数の追加要素を組み合わせることも可能です。図11-11は3つの追加要素、全てを追加したプロンプト例です。

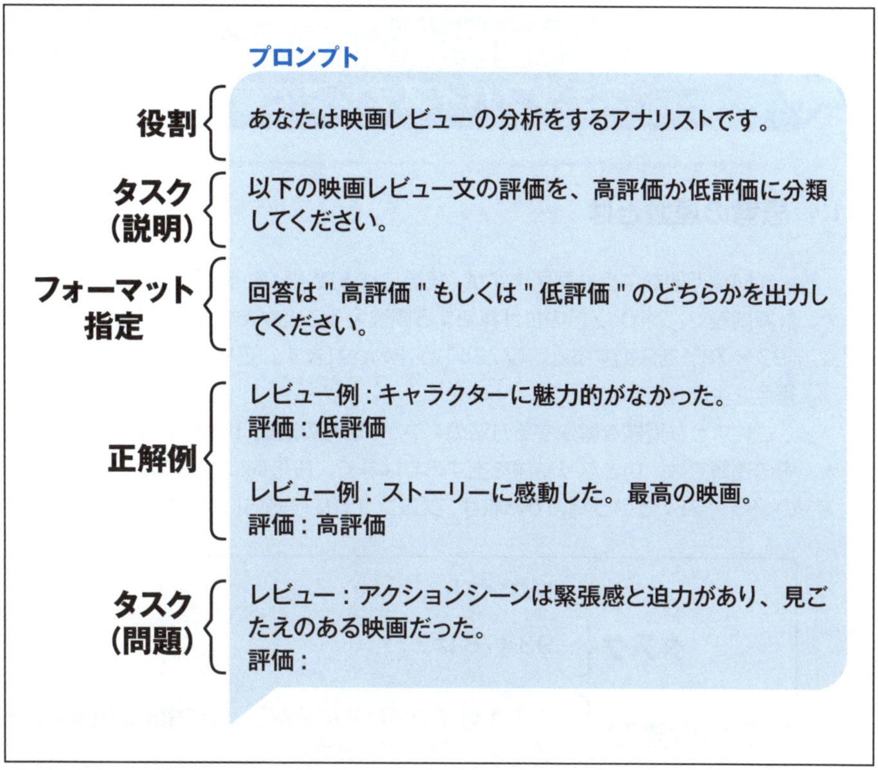

	プロンプト
役割	あなたは映画レビューの分析をするアナリストです。
タスク(説明)	以下の映画レビュー文の評価を、高評価か低評価に分類してください。
フォーマット指定	回答は " 高評価 " もしくは " 低評価 " のどちらかを出力してください。
正解例	レビュー例：キャラクターに魅力的がなかった。 評価：低評価 レビュー例：ストーリーに感動した。最高の映画。 評価：高評価
タスク(問題)	レビュー：アクションシーンは緊張感と迫力があり、見ごたえのある映画だった。 評価：

図 11-11 追加要素の組み合わせ

補足情報　プロンプトは長ければ長いほど良いのか

　プロンプトに役割、フォーマット指定、正解例といった多くの要素を追加すると、プロンプトは必然的に長くなります。しかし、プロンプトが長いと処理時間が長くなり、コストも増加してしまいます。

　本章で紹介したプロンプトの原則や追加要素を参考に、試行錯誤して、用途に応じて性能と費用のバランスが良いものを選ぶと良いでしょう。

応用編：思考の連鎖（Chain of Thought, CoT）ステップバイステップで複雑な問題を解く

11.4.1 思考の連鎖とは

　LLMは万能なように見えますが、実際には人間より劣る苦手分野もあります。代表的なのは計算問題で、2桁×2桁の掛け算ですら間違えることがあります。たとえば、Gemini-1-proに"93×78"を入力すると、"7234"が出力されます。正しい答えは"7254"であり、誤った答えを生成しています。

　このような問題を解決する方法の1つが、**思考の連鎖（Chain of Thought, CoT）**です。思考の連鎖では、いきなり結論を出すのではなく、段階的に考えてから結論を出します。先ほどの"93×78"という問題であれば、プロンプトに段階的に解く指示を追加します（図11-12）。

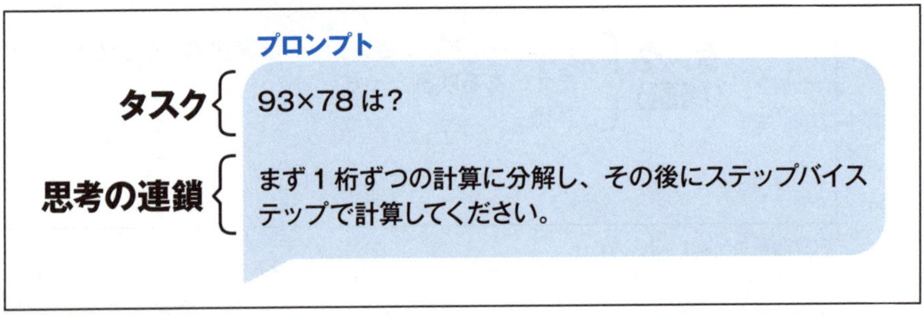

プロンプト

タスク：93×78 は？

思考の連鎖：まず1桁ずつの計算に分解し、その後にステップバイステップで計算してください。

図11-12　思考の連鎖を使ったプロンプト

図11-12のように段階的に解く指示を追加すると、生成結果は以下のようになります。

```
1桁ずつの計算に分解：
93×78 =（90＋3）×（70＋8）
ステップバイステップの計算：
90×70 = 6300
90×8 = 720
3×70 = 210
3×8 = 24
これらの結果を合計：
6300＋720＋210＋24 = 7254
したがって、93×78 = 7254
```

　今度は7254と正しい答えを導くことができました。思考の連鎖では、いきなり結論を出すのではなく、思考を連鎖させて段階的に答えを出します。

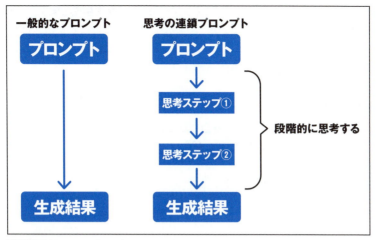

図11-13 思考の連鎖プロンプトのイメージ

　思考の連鎖を使うメリットは、複雑な問題の解決能力が上がることです。実際に、GPT-4は思考の連鎖プロンプトを使うことで、数学の試験で高得点を出しています[2]。

11.4.2　思考の連鎖プロンプト例

　最もシンプルな思考の連鎖プロンプトは、"段階的に考えてください"という一文を入れるだけです。算数の問題を使ったプロンプト例を見てみましょう

> **以下の問題を段階的に解いてください。**
> りんごとバナナを合わせて32個買いました。りんごはバナナの3倍の個数を買いました。りんごとバナナはそれぞれ何個ずつ買いましたか？

　上記のプロンプトの場合は、LLMが計算ステップを考えてて計算します。この方法でも十分に効果的ですが、以下のように計算ステップを明確に指定することもできます。

> 算数の問題を、以下の計算ステップで段階的に解いてください。
>
> 計算ステップ
> 　1.方程式を立てる
> 　2.方程式を解く
>
> 問題：りんごとバナナを合わせて32個買いました。りんごはバナナの3倍の個数を買いました。りんごとバナナはそれぞれ何個ずつ買いましたか？

2（OpenAI et al. 2023）

このプロンプトを使うと、指示したステップで思考し答えを生成します。以下はGemini-1-proの生成結果です。

> **[生成結果 *Gemini-1-proを使用]**
> 回答：
> **1. 方程式を立てる**
> - x + y = 32（りんごとバナナを合わせて32個）
> - x = 3y（りんごはバナナの3倍の個数）
>
> **2. 方程式を解く**
> - 3y + y = 32
> - 4y = 32
> - y = 8
> - x = 3 × 8 = 24
>
> **答え：りんごは24個、バナナは8個**

指定した計算ステップに沿って、正しい答えを導いていることがわかります。結論を出すまでのステップを指示することで、より高度な問題を解くことも可能になります。

本章のポイントと次のステップ

本章では、効果的なプロンプトを見つけるための方法論、プロンプトエンジニアリングについて解説しました。本章で紹介した以下の3ステップに沿って、プロンプトを作れば効率的に良いプロンプトを見つけられるはずです。

STEP1　ベースとなるプロンプトを作る
STEP2　良いプロンプトの3つの原則に従う
- 良いプロンプトの原則1：曖昧な表現を避ける。記述をより詳細、より明確にする。
- 良いプロンプトの原則2：指示は否定文ではなく、肯定文にする。
- 良いプロンプトの原則3：タスクを組み合わせない。小さいタスクに分割する。

STEP3　プロンプトをより効果的にする、追加要素を検討する
- 追加要素① 役割：LLMに役割を教える
- 追加要素② フォーマット指定：LLMが生成するフォーマットを指定する
- 追加要素③ 正解例：望ましい生成結果の例を追加する

また、応用編として思考の連鎖プロンプトを紹介しました。LLMに段階的な思考を促すことで、複雑な問題を解くことが可能になります。次章では、自分の用途に適したLLMを見つける方法を解説します。

第12章

LLMの比較方法と選び方

　LLMはその将来性の高さから、多くの企業が独自のLLM開発を進めています。その結果、さまざまなLLMが公開されており、「どのLLMを使えばいいのかわからない」という人も多いのではないでしょうか。実際、数え切れないほどの選択肢があり、最適なLLMを選ぶのは簡単ではありません。以下のような悩みを抱えている人も多いでしょう。

- 「LLMには多くの種類があるが、それぞれの違いがわからない」
- 「OpenAIとGoogle、どちらのLLMの性能が高いのか？」
- 「自分のニーズに合ったLLMを見つけたいが、どうやって探せばよいのかわからない」

　本章では、自分の用途に合ったLLMを選ぶ方法と、LLMの比較方法について解説します。本章を読めば、LLMの特徴や用途に基づいて、自分のニーズに合ったLLMを選べるようになります。もし、あなたが上司から「このプロジェクトに使うLLMを探してきて」と頼まれても、根拠を持って適切なLLMを選べるようになるでしょう。

12.1 自分の用途に合ったLLMを選ぶ方法

　LLMの技術は非常に速いスピードで進化しており、次々と新しいLLMが発表されています。では、どのようにしてLLMを選べばよいのでしょうか？

　多種多様なLLM がありますが、いくつかのタイプに分類できます。自分の用途に合った「LLMのタイプ」を知ることで、素早くLLMを選ぶことができます。まずは、図12-1のフローチャートを見てください。いくつかの質問に答えていくだけで、自分に合ったLLMのタイプがわかるようになっています。

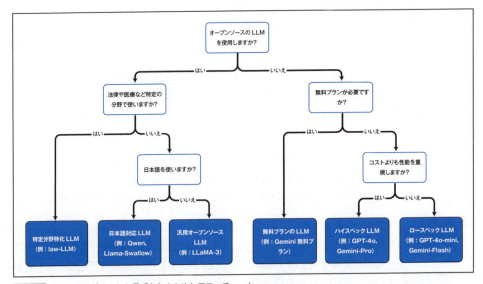

図12-1 LLMの比較ポイントと選び方をまとめたフローチャート

　最初の質問「オープンソースのLLMを使用しますか？」に戸惑った人もいるかもしれません。LLMを選ぶ上で、まずは「オープンソース」と「クローズドソース」の違いを理解し、どちらを使うか決める必要があります。

　結論から言うと、手軽に高性能なLLMを使いたいなら、GPTなどのクローズドソースLLMがおすすめです。一方、LLaMAなどのオープンソースLLMはカスタマイズなど自由度は高いですが、上級者向けと言えます。以降でより詳細に比較します。

12.1.1 クローズドソースLLM：高性能かつサポートが充実

　クローズドソース（Closed Source）のLLMは、その名の通りソースコードが公開されていません。OpenAIのGPTが代表例で、使用する場合は企業と契約する必要があります。高性能かつ企業のサポートも得られるため、初めてLLMを使う方から、強力なLLMを利用したいビジ

ネスユーザーにも適しています。

> **クローズドソースLLMの特徴**
>
> メリット
> - **性能が高い**：GPTやGeminiといったクローズドソースのLLMは、オープンソースのLLMよりも高い性能を持ちます。
> - **サポートが手厚い**：企業からのサポートがあり、公式ドキュメントが充実しているため、導入やトラブルの際に安心。
> - **高性能なPCが不要**：API経由で使用するため、高スペックのPCを用意する必要がありません。
>
> デメリット
> - **基本有料**：多くの場合、使用量に応じた料金が発生します。
> - **データの取り扱いに注意**：データが企業のサーバーに送信されるため、特に機密情報や個人情報を扱う際には注意が必要です。

12.1.2 オープンソースLLM：自由度は高いが、上級者向け

オープンソース（Open Source）のLLMは、ソースコードが公開されており、誰でも自由に利用やカスタマイズが可能です。代表的なものにMetaのLLaMAなどがあり、カスタマイズが可能なため技術者や研究者に人気があります。LLMの種類が豊富で、カスタマイズなども可能ですが、高いPCスペックと技術力が求められるため、上級者向けと言えるでしょう。

> **オープンソースLLMの特徴**
>
> メリット
> - **無料**：オープンソースLLMは無料で使用可能。
> - **データを自分のPCで処理できる**：データを外部に送信する必要がないため、機密情報や個人情報も安全に扱えます。
> - **自由度が高い**：自分でソースコードやパラメータにアクセスし、カスタマイズが可能。
>
> デメリット
> - **高性能なPCが必要**：実行には高性能なPCが必要で、特にGPUが必須です。
> - **サポートが薄い**：サポートやドキュメントが少ない場合が多く、導入や保持に労力がかかる場合があります。

12.1.3　クローズドソースとオープンソースの比較

クローズドソースとオープンソースの特徴をまとめると表12-1のようになります。

表12-1　クローズドソースLLMとオープンソースLLMの特徴比較

	クローズドソースLLM (例：GPT, Gemini)	オープンソースLLM (例：LLaMA)
使用方法	API経由で使用 ＊機密・個人情報の使用に注意が必要	自分のPCにダウンロードして使用
料金	基本有料	無料
必要なPCスペック	低い APIを利用するならPCスペックは不要	高い 高性能GPUやRAMが必要
カスタマイズ	限定的 ソースコードへアクセスできないため、カスタマイズの自由度は低い	柔軟性が高い ソースコードが公開されているため、カスタマイズが可能

　どちらがあなたに適しているかは、あなたのニーズや技術力によって異なります。たとえば、「手軽に高性能なLLMを使いたい」という人には、クローズドソースのLLMがおすすめです。一方で、「自分でカスタマイズしながら使いたい」という場合は、オープンソースLLMが向いています。

　ここまでの説明で、フローチャートにおける最初の質問、「オープンソースのLLMを使用しますか？」に答えられるようになったはずです。以降では、クローズドソースとオープンソースの中でも、どうやってLLMを選べば良いか解説します。

12.2　クローズドソースの主要なLLMと選び方

以下の2ステップで、自分の用途に合ったクローズドソースLLMを見つけることができます。

1. 契約する企業を選ぶ（例：OpenAI、Google）
2. 契約した企業のLLMから、使用するものを選ぶ（例：GPT-4o、GPT-4）

　以降では、この2ステップを解説しつつ「OpenAIとGoogle、どちらのLLMが高性能なのか？」「GPT-4oやGPT-4、どちらを使えば良いのか」といった疑問に答えていきます。

12.2.1　どの企業のLLMを使えばよいのか？各社LLMの性能と費用を比較

12.2.1.1　性能の比較方法

　LLMの性能を比較するには、チャットボットアリーナ（Chatbot Arena）[1]というサイトが役立ちます。ここでは、ChatGPT、Gemini、LLaMAなどのさまざまなLLMの性能を比較でき、

1　サイトURL：https://lmarena.ai、論文：(Chiang et al. 2024)

ランキングも作成されています（図12-2）。

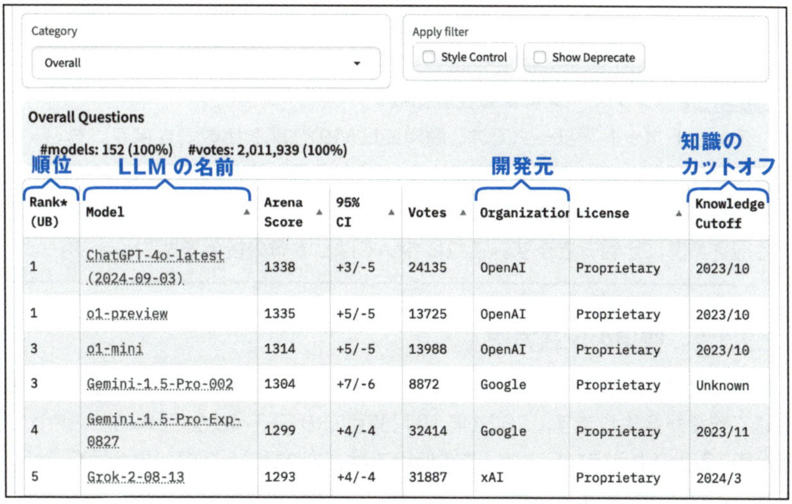

Rank* (UB)	Model	Arena Score	95% CI	Votes	Organization	License	Knowledge Cutoff
1	ChatGPT-4o-latest (2024-09-03)	1338	+3/-5	24135	OpenAI	Proprietary	2023/10
1	o1-preview	1335	+5/-5	13725	OpenAI	Proprietary	2023/10
3	o1-mini	1314	+5/-5	13988	OpenAI	Proprietary	2023/10
3	Gemini-1.5-Pro-002	1304	+7/-6	8872	Google	Proprietary	Unknown
4	Gemini-1.5-Pro-Exp-0827	1299	+4/-4	32414	Google	Proprietary	2023/11
5	Grok-2-08-13	1293	+4/-4	31887	xAI	Proprietary	2024/3

図12-2 Chatbot Arenaによる比較（Overall）（引用：https://lmarena.ai/?leaderboard）

上図の開発元の列を見ると、1位から3位がOpenAIのLLM、次いでGeminiとなっています。このランキングはユーザー投票に基づいて作成されたものですが、この時点ではOpenAIのLLMが最も優れていることがわかります。

知識のカットオフ（Knowledge Cutoff）は、そのLLMがどの時点までの知識を持っているかを指しています。カットオフが2023年10月の場合、そのLLMは2023年10月までの情報を持っていますが、それ以降の最新情報は学習していません。最新情報に対応が必要な場合は、知識のカットオフが最近のものを検討しましょう。

また、チャットボットアリーナでは、プログラミング、数学、日本語での性能など、用途に応じたランキングも提供されています。

図12-3は、コードの生成能力（Coding）カテゴリーのランキングです。

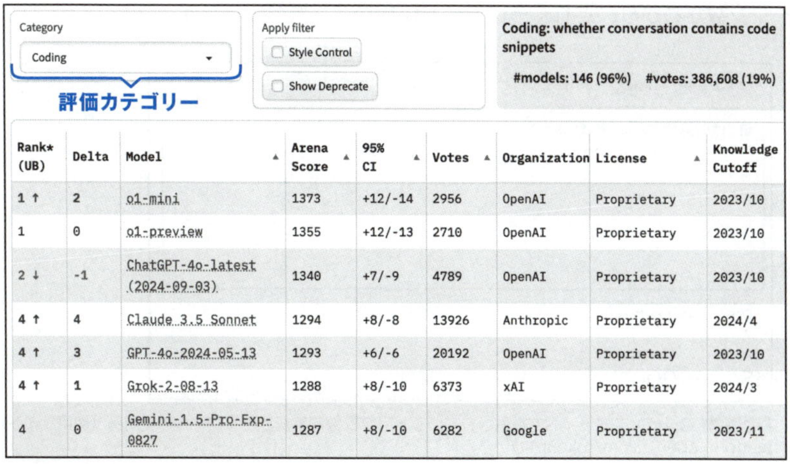

Rank* (UB)	Delta	Model	Arena Score	95% CI	Votes	Organization	License	Knowledge Cutoff
1 ↑	2	o1-mini	1373	+12/-14	2956	OpenAI	Proprietary	2023/10
1	0	o1-preview	1355	+12/-13	2710	OpenAI	Proprietary	2023/10
2 ↓	-1	ChatGPT-4o-latest (2024-09-03)	1340	+7/-9	4789	OpenAI	Proprietary	2023/10
4 ↑	4	Claude 3.5 Sonnet	1294	+8/-8	13926	Anthropic	Proprietary	2024/4
4 ↑	3	GPT-4o-2024-05-13	1293	+6/-6	20192	OpenAI	Proprietary	2023/10
4 ↑	1	Grok-2-08-13	1288	+8/-10	6373	xAI	Proprietary	2024/3
4	0	Gemini-1.5-Pro-Exp-0827	1287	+8/-10	6282	Google	Proprietary	2023/11

図12-3 Chatbot Arenaによる比較（Coding）

先ほどの全体評価（Overall）と比較すると、OpenAIのLLMは変わらず上位な一方、Geminiは順位を落としていることがわかります。プログラミングにLLMを使う場合はCodingカテゴリなど、自分の用途に近いカテゴリで性能を比較すると良いでしょう。

> **補足情報　ベンチマークによる性能比較**
>
> チャットボットアリーナでは、簡単にLLMの性能を比較できます。もし、より細かく厳密にLLMの性能を比較したい場合は、LLMを評価するための「ベンチマーク」を使う方法があります。この方法は、論文などを確認する必要があり、少し大変な方法ですがLLMの性能を厳密に比較できます。これについては、本章の後半で解説します。

12.2.1.2　費用の比較方法

性能の次は費用を比較してみましょう。クローズドソースLLMは基本的に有料で、使用量に応じて料金が発生します。2024年10月時点でのGPT-4oとGemini-1.5Proの料金をまとめると表12-2のようになります。この時点では、プロンプトが短い場合はGeminiの方が低コストなことがわかります。

表12-2　OpenAI、Googleの価格比較（*Geminiはプロンプトの長さによって変動）

	入力100万トークンあたりの料金	出力100万トークンあたりの料金
OpenAI （GPT-4o）	$2.50	$10.00
Google （Gemini-1.5Pro）	$1.25〜$2.50*	$5.00〜$10.00*

> **［復習］トークンとは**
>
> ここで「トークン」についても簡単におさらいしましょう。トークンとは、文章やテキストを細かく分割した単位です。単語単位、もしくは単語よりも小さな単位（サブワード）に分割されることもあります。OpenAIの公式サイトでは、使用する文章が何トークンかを確認できるツールが提供されています（図12-4）。このツールを使えば、使用するトークン数がわかり、どれくらいコストがかかるか概算できます。

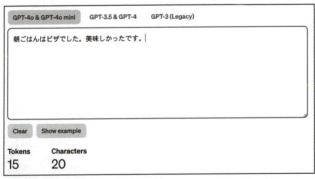

図12-4　OpenAI公式サイトで提供されているトークン数を確認できるツールの使用例（使用サイトURL：https://platform.openai.com/tokenizer）

この図では、入力テキストの文字数（Characters）が20文字、トークン数（Tokens）が15となっています。使用するLLMによって異なりますが、日本語の場合、文字数の約7〜8割がトークン数になると考えるとよいでしょう。

12.2.2　企業が公開しているLLMの中で、どれを使えば良いのか？

　一般的に、1つの企業内でも、いくつかの種類のLLMが公開されています。OpenAIとGoogleも同様にいくつかの種類のLLMを公開しています（図12-5）。種類が多く、どれを使えば良いのか悩んだ人もいるかもしれません。

Models

Flagship models

GPT-4o	GPT-4o mini	o1-preview and o1-mini (Beta)
Our high-intelligence flagship model for complex, multi-step tasks	Our affordable and intelligent small model for fast, lightweight tasks	A new series of reasoning models for solving hard problems
Text and image input, text output	Text and image input, text output	Text input, text output
128k context length	128k context length	128k context length
Smarter model, higher price per token	Faster model, lower price per token	Higher latency, uses tokens to think

図12-5　OpenAIが公開しているLLM（引用：https://platform.openai.com/docs/models）

　企業によって、公開されているLLMの種類は異なりますが、一般的に表12-3に示した3つのカテゴリーに分けられます。

表12-3　LLMのカテゴリー

LLMのタイプ	メリット	デメリット	使い道
ハイスペックLLM（例：GPT-4o, Gemini-Pro）	最も性能が高い	コストが高く、処理が比較的遅い	・複雑なデータ分析 ・高い精度が求められる機能
ロースペックLLM（例：GPT-4o-mini, Gemini-Flash）	低コストで高速な応答が可能	性能が高性能モデルに比べると低い	・コスト重視のプロジェクト ・応答速度重視のタスク
無料プランのLLM（例：Gemini無料プラン）	無料で利用可能	リクエスト数やトークン数に制限がある	・プログラムのデモ開発 ・実験的な使用 ・商用利用には向かない

　たとえば、「高精度なデータ処理が必要」という場合はハイスペックなLLMが適していますが、「応答速度が重要で、コストを抑えたい」という場合はロースペックなLLMがおすすめです。
　同じ企業のLLMであれば、開発中に簡単にLLMを切り替えられます。そのため、開発初期は低コストなLLM（GPT-4o-miniなど）を使い、途中からハイスペックなもの（GPT-4oなど）に切り替えることもできます。

> **補足情報** LangChain を使えば他の企業の LLM にも簡単に切り替えられる
>
> ここまで読んで、「開発初期は Gemini の無料プランを使って、途中から GPT に変更できないのか？」と思った人もいるでしょう。結論から言うと可能です。実際、著者自身も個人開発の際にはそうすることも多いです。しかし、Gemini と GPT では実装コードが異なり、コードを書き換える労力が大きいです。そんな時に役立つのが、次の章で紹介する LangChain です。LangChain は統一的なフレームワークであるため、コードをたった数行書き換えるだけで、異なる企業の LLM にも変更できます。

12.3 オープンソースの主要な LLM と選び方

オープンソース LLM は、LLaMA を筆頭に、多種多様な LLM が公開されています。オープンソースの LLM は、誰でもアクセスでき、自由に利用・カスタマイズできるのが大きな魅力です。オープンソースの LLM を探す際に便利なのが、**Huggingface** というサイトです（図12-6）。多くのオープンソース LLM が公開されており、LLM を簡単に入手できます。

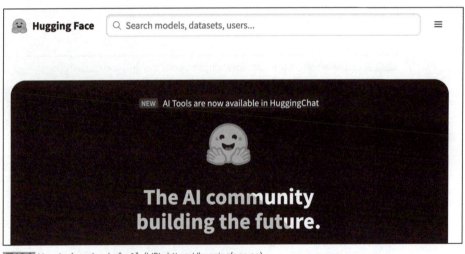

図12-6 Huggingface ホームページ（URL: https://huggingface.co）

12.3.1　オープンソース LLM の選び方

Huggingface にて、LLM は10万個以上も公開されており、その中から選ぶのは大変です。そんな時に役立つのが、**Open LLM Leaderboard** という LLM をランキングしたサイトです。図12-7のように、オープンソース LLM の性能を総合的に評価したランキングを見ることがで

きます。

T	Model	Average
💬	dfurman/CalmeRys-78B-Orpo-v0.1	50.78
💬	MaziyarPanahi/calme-2.4-rys-78b	50.26
◆	rombodawg/Rombos-LLM-V2.5-Qwen-72b	45.39
◆	dnhkng/RYS-XLarge	44.75
💬	MaziyarPanahi/calme-2.1-rys-78b	44.14

図12-7 Open LLM Leaderboard（URL：https://huggingface.co/spaces/open-llm-leaderboard/open_llm_leaderboard）

このランキングを使えば、高性能なLLMを素早く見つけることができます。また、オープンソースLLMの中には言語や分野に特化したLLMもあります。単純な性能比較だけでなく、用途に応じて検討すると良いでしょう。

12.3.1.1　日本語特化LLMや多言語LLMを検討する

日本語を使用する場合は、日本語に対応しているLLMを選ぶ必要があります。東京工業大学が開発したLlama-Swallow[2]など日本語機能を強化したLLMや、日本語を含む多言語対応のLLM、Qwen[3]やMistral[4]を使用するのがおすすめです。GPTなどのクローズドLLMは多言語に対応していますが、オープンソースLLMには日本語に未対応のものも多いため、対応言語を確認しましょう。

12.3.1.2　特定ドメイン特化LLMを検討する

さらに、特定の分野に特化したLLMもあります。たとえば、法律や医学などの専門知識を持つLLMは、特定分野のタスクに非常に有効です。例を挙げると、法律分野に特化したlaw-LLM[5]などが公開されています。もし、あなたのプロジェクトが特定分野に関係している場合は、使用を検討するとよいでしょう。

12.3.2　どのLLMのタイプを使用すれば良いのか？

1つのLLMでも、いくつかの種類が公開されている場合があります。たとえば、LLaMA-3の場合、図12-8のように5種類のLLMが公開されており、どのモデルを使うべきか混乱するかもしれません。ここではその選び方を説明します。

---

2 https://huggingface.co/tokyotech-llm
3 https://huggingface.co/Qwen
4 https://huggingface.co/mistralai
5 https://huggingface.co/AdaptLLM/law-LLM

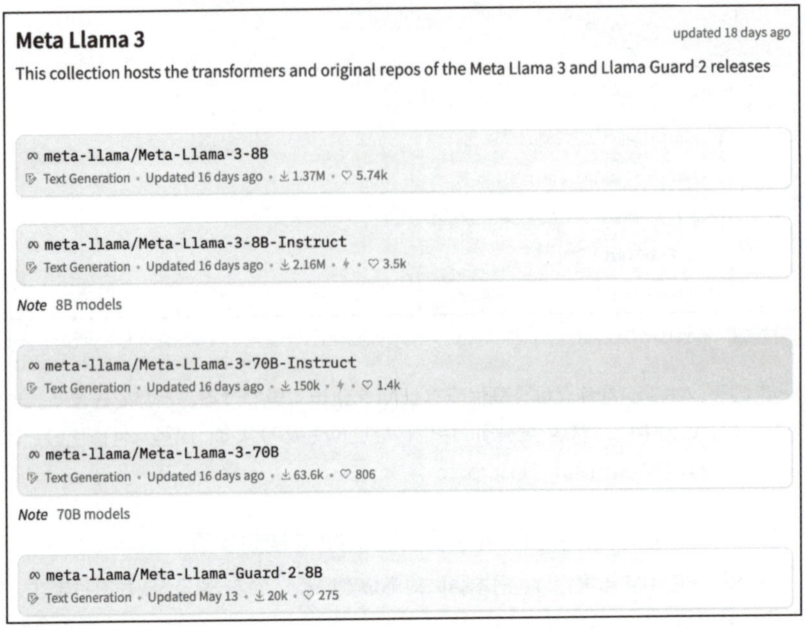

図 12-8 LLaMA-3のモデル一覧（URL:https://huggingface.co/collections/meta-llama/meta-llama-3-66214712577ca38149ebb2b6）

12.3.2.1　LLMのサイズ

大半のLLMの名前には「8B」や「70B」といった表記があります。これは、モデルのパラメータ数を表しており、「B」は10億（Billion）を意味します。たとえば、「8B」の場合、80億パラメータのLLMということを示しています。

基本的に、パラメータ数が多ければ多いほど性能が高くなりますが、その分、処理に必要なリソース（GPUなど）が増えます。使う際には自分のPCスペックを考慮しましょう。

12.3.2.2　学習方法の違い

「instruct」や「hf」という表記が付いている場合、これはLLMの学習方法を表しています。用途に合わせて選びましょう。

- **Instruct**：人間の指示（Instruct）に従う能力を強化したLLMです。たとえば、「LLaMA-3-8B-Instruct」は、通常の「LLaMA-3-8B」よりも、指示に対しての追従能力が高いです。もし、プロンプトで「〇〇して。」といったように、指示に従った生成結果を求めるなら、Instructモデルが適しています。
- **hf**：人間からのフィードバック（Human Feedback）を元に、より好ましいテキスト生成ができるように調整されています。チャットに使う場合など、人間にとって有益で安全な文章を生成したい場合に効果的です。

12.4 ベンチマークでLLMの性能を比較する

ここまでで、LLMの大まかな分類や用途について説明しました。「もっと詳細にLLMの性能を比較したい」という場合に役立つのが、ベンチマークです。ベンチマークは、LLMの性能を評価するために設計されたテストのようなものです。たとえば、以下のような知識問題に対して、モデルがどれだけ正しく答えることができるかを評価します。

> 例題 [ベンチマークにおける知識問題の例]
> 源氏物語の作者は誰ですか？
>   A. 村上春樹
>   B. 夏目漱石
>   C. 紫式部
>   D. 芥川龍之介
>
> 答え：紫式部

このような問題を大量に出題し、LLMが何％正確に答えられるかを測定します。たとえば、MMLUというベンチマークで90％正解したというように評価されます。

それぞれのLLMに同じテストを受けさせることで、LLMの能力を詳細に比較できます。たとえば、GoogleはGeminiの発表時、ベンチマークを使って、GeminiとGPT-4を性能比較しました（図12-9）。

Capability	Benchmark Higher is better	Description	Gemini Ultra	GPT-4 API numbers calculated where reported numbers were missing
General	MMLU	Representation of questions in 57 subjects (incl. STEM, humanities, and others)	90.0% CoT@32*	86.4% 5-shot** (reported)
Reasoning	Big-Bench Hard	Diverse set of challenging tasks requiring multi-step reasoning	83.6% 3-shot	83.1% 3-shot (API)
	DROP	Reading comprehension (F1 Score)	82.4 Variable shots	80.9 3-shot (reported)
	HellaSwag	Commonsense reasoning for everyday tasks	87.8% 10-shot*	95.3% 10-shot* (reported)
Math	GSM8K	Basic arithmetic manipulations (incl. Grade School math problems)	94.4% maj1@32	92.0% 5-shot CoT (reported)
	MATH	Challenging math problems (incl. algebra, geometry, pre-calculus, and others)	53.2% 4-shot	52.9% 4-shot (API)
Code	HumanEval	Python code generation	74.4% 0-shot (IT)*	67.0% 0-shot* (reported)
	Natural2Code	Python code generation. New held out dataset HumanEval-like, not leaked on the web	74.9% 0-shot	73.9% 0-shot (API)

図12-9 Geminiのベンチマーク結果 （引用：https://blog.google/technology/ai/google-gemini-ai/#performance）

　図を見て、ベンチマークの種類が多いことに気づいたと思います。LLMは汎用的な能力を持つため、知識問題、常識的な推論、コーディングなど、さまざまな分野にまたがるベンチマークを使って、性能を多面的に評価します。これによって、「このLLMは特にコーディング性能が高い」「このLLMは数学に弱い」といったLLMの特徴を発見できます。

　新しいLLMが発表されるたびに、公式サイトや論文にて、必ずベンチマーク結果が公表されます。これを理解することで、「この新しいモデルは従来のものと比べてどれくらい優れているのか？」「何の能力が優れているのか？」を定量的に把握でき、LLMを選ぶ際の参考になります。

補足情報　人間用の試験を使ってLLMを評価する方法

　「LLMが大学入試に合格した」というようなニュースを聞いたことがあるかもしれません。司法試験や大学入試など、本来は人間用の試験をLLMにも適用することが増えていま

す。かつては考えられなかったことですが、今ではLLMが我々人間と同等以上の成績を出すようになってきています。

たとえば、GPT-4は統一司法試験（MBE+MEE+MPT）で、人間の受験者の中で上位10％に入る成績を収めました[6]。人間用の試験を利用するメリットは、直感的にモデルの性能を理解しやすい点、実践的な問題に対するモデルの能力を評価できる点が挙げられます。

12.4.1　主要なベンチマーク一覧と特徴

ここからは、よく使われるベンチマークとその特徴を見ていきましょう。ベンチマークは非常に多様で、それぞれ異なる分野や能力を評価します。これから紹介するベンチマークを暗記する必要はありませんが、それぞれの特徴を知っておくと、新しいLLMの性能が発表された際に、その性能を素早く理解できるでしょう。

> **注意点** 日本語対応について
>
> LLMを日本語で使いたい場合は、そのモデルが日本語に対応しているかを必ず確認しましょう。ほとんどのベンチマークは英語での性能を評価しています。英語では性能が高くても、日本語には対応していない場合があります。LLaMA-3はその代表例で、基本的に英語にのみ対応しており、他の言語では性能が下がってしまいます。特にオープンソースのLLMは、日本語に対応していないことがよくあるので、公式サイトやレポートで確認しましょう。＊以降のベンチマーク例では英語を日本語訳しています。

12.4.1.1　QAベンチマーク：LLMの知識力を評価する

QAベンチマークでは、LLMの知識を評価し、一般的・専門的な知識問題に対して正答できるかテストします。ここでは、代表的なQAベンチマークをいくつか紹介します。

MMLU：57項目（専門・アカデミック）の分野からなる知識と問題解決能力を評価[7]

MMLUは、歴史、小学校数学、法律など57種類の幅広い知識と問題解決能力を評価します。問題の難易度も幅広く、簡単な問題から専門的な問題まで幅広く網羅しています。

> **例題** MMLUにおける例題（歴史分野）
> マヤ文明の衰退の主な原因と考えられているものはどれか
> 　（A）地震、火山噴火、津波などのような何らかの大災害。
> 　（B）焼畑農業技術による生態系の劣化。
> 　（C）隣接するマヤの都市国家間の絶え間ない戦争。

---

6 (OpenAI et al. 2023)
7 (Hendrycks et al. 2020)

（D）近親交配の慣習が先天性障害の急激な増加を引き起こした。

答え：（B）焼畑農業技術による生態系の劣化。

　このMMLUにおいて、最先端のLLMは人間の専門家に近い精度を示しますが、気を付けたいのは「ハルシネーション（Hallucination）」と呼ばれる現象です。これは、LLMが事実とは異なる情報をあたかも正しいかのように生成してしまうことを指します。LLMが専門家と同等の知識を示したとしても、ビジネス応用などには注意が必要です。

> **補足情報　クローズドブックQA vs オープンブックQA**
>
> 　QAベンチマークには、クローズドブックQAとオープンブックQAの2つのタイプがあります。クローズドブックQAは、Webサイトなどの外部情報を使用せず、学習で得た知識のみで問題に答えます。一方、オープンブックQAは、検索エンジンなどを併用して問題に答えます。試験で例えるなら、スマホ禁止の試験がクローズドブックQA、スマホ持ち込み可の試験がオープンブックQAというイメージです。

12.4.1.2　推論ベンチマーク：LLMの論理的思考力を評価する

　次に、LLMの論理的思考力を評価する「推論ベンチマーク」を見てみましょう。論理的思考力とは、与えられた情報をもとに、正しい結論を導き出す力のことです。

数学的推論

　数学的原理や手法を用いて問題を解決する能力です。このような数学分野は、LLMが苦手な分野とされています。実際に高校・大学レベルの数学問題（MATH）で、GPT-3.5は約30%しか正答できず、Gemini UltraとGPT-4でも50%程度しか正答できていません[8]。GPT-4は小学生レベルの問題（GSM-8K）に対しては92%正答するなど改善を見せていますが、LLMの苦手分野と言えるでしょう。

代表的なベンチマーク：GSM8k[9]

　GSM8kは、数学的な問題解決能力を評価するベンチマークです。GSM8Kは、8500個の小学生向け算数問題で構成されています。

> **例題**　ティムは5本の木を育てている。毎年、彼はそれぞれの木から6個のレモンを集める。彼は10年間に何個のレモンを収穫するだろうか？
>
> 答え：300個（5本×6個×10年）

8　https://blog.google/technology/ai/google-gemini-ai/#performance
9　("Solving math word Problems - OpenAI.", URL: https://openai.com/research/solving-math-word-problems)

常識的推論

次に「常識的推論」を評価するベンチマークを紹介します。これは、日常的な知識や経験に基づいて、どれだけ正しい判断を下せるかを測ります。

代表的なベンチマーク①：HellaSwag：日常のシナリオに基づく推論[10]

HellaSwagは、日常的なシナリオを基に推論するベンチマークです。

> 例題　外にバケツを持った女性と犬がいます。犬は風呂から逃げようと走り回っています。彼女は…
> A. バケツを石鹸で洗い流し、犬の頭をドライヤーで乾かします。
> B. 石鹸をつけないようにホースを使います。
> C. 犬を濡らすが、その後犬はまた逃げます。
> D. 犬と一緒に浴槽に入ります。
>
> 答え：C

代表的なベンチマーク②：WinoGrande：代名詞の指す対象を推論[11]

文中の代名詞が指す名詞を推測する、常識的推論を評価するベンチマークです。

> 例題　カトリーナには新車を買う経済的余裕があったが、モニカにはなかった。なぜなら、〇〇は高い給料の仕事に就いているからだ。
> 選択肢１：カトリーナ
> 選択肢２：モニカ
>
> 答え：カトリーナ

12.4.3　プログラミングベンチマーク：LLMのコード生成能力を評価する

最後に、LLMがどれだけ正確にプログラミングコードを生成できるかを測定するベンチマークについて紹介します。

代表的なベンチマーク：HumanEval[12]

PythonのコーディングRoad題を通じて、LLMのコーディング能力を評価します。指定されたコードが正しく動作するかどうかをテストします。

> 例題　関数、smallest_numberを書いてください。この関数は、整数のリストseqを引数として受け取り、seqの中で最も小さい要素を返します。seqは少なくとも一つの要素を含んでいることが保証されます。

10　(Zellers et al. 2019)
11　(Sakaguchi et al. 2020)
12　(Chen et al. 2021)

答え（一例）：

```
def smallest_number(seq):
    return min(seq)
```

本章のポイントと次のステップ

本章では、LLMの比較方法と選び方について解説しました。多種多様なLLMがありますが、性能比較とタイプ別に選ぶことで、素早く自分に適したLLMを見つけられるでしょう。次章ではLLM開発の強力なフレームワーク、LangChainについて紹介します。

- LLMを選ぶ際には、まずクローズドソースかオープンソースか決める。
- クローズドソースLLMの比較方法と選び方
  - **APIを使った高性能LLM**（例：GPT-4o, Gemini-Pro）
  - **APIを使った高速なLLM**（例：GPT-4o-mini, Gemini-flash）
  - **APIの無料プラン**（例：Gemini-flash, Proの無料プラン）
- オープンソースLLMのタイプ
  - 特定ドメイン特化LLM（例：law-LLM）
  - 多言語、日本語対応オープンソースLLM（例：Qwen2, Japanese-LLaMA）
  - -instruct, -hf（例：Llama-3.2-1B-Instruct）
- LLMの性能を表すベンチマークの見方
  - QAベンチマーク：LLMの知識力を評価
  - 推論ベンチマーク：LLMの論理的思考力を評価
  - プログラミングベンチマーク：LLMのコード生成能力を評価

第13章

LangChainを使って発展的な実装を行う

　LangChainは、100万人以上の開発者や多くの企業が利用している、LLM開発のフレームワークです[1]。LangChainが便利な点は大きく2つ挙げられます。

①LLMの簡単な切り替え

　開発中によく起きるのが「プログラムはそのままで、使用するLLMを変更したい」というシチュエーションです。たとえば、デモ実装では無料のGeminiを使用し、本実装では有料のGPTを使いたいという場合です。LangChainでは、わずか数行のコードを変更するだけで、LLMを切り替えられます。

②高度な実装の容易さ

　ChatGPTには、テキスト生成だけでなく、検索やコード実行といった機能もあります。LangChainでは、「チェーン（鎖）」のように、LLMと他の機能を連携できます。これにより、テキスト生成中に検索機能を使用したり、データベースと連携したり、LLM同士を連携したり、さまざまな高度な機能を簡単に実装できます（図13-1）。

---

1 https://www.langchain.com

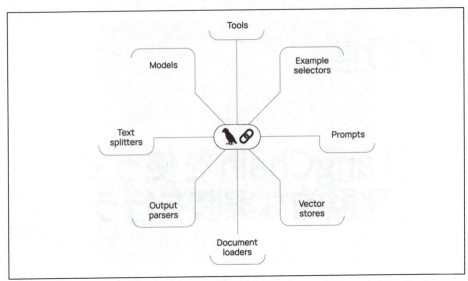

図13-1 LLMと様々な機能の連携　LangChain公式サイトから引用（https://www.langchain.com/langchain）

　本章では、まずLangChainの概要と基本的な使い方を解説し、そのうえで近年注目されている3つの技術を、LangChainによる実装例付きで紹介します。

- エージェント
  LLMと検索機能やコード実行などを連携させる技術。

- メモリー
  LLMとチャット履歴を連携させる技術。

- RAG
  LLMとデータベースを連携させる技術。

> **LangChainに関するよくある質問**
>
> **Q. LangChainに登録は必要ですか？**
> A. 登録は不要です。LangChainはライブラリをインストールするだけで使用でき、全ての機能は無料で提供されています[2]。
>
> **Q. LangChainはLLMを提供していますか？**
> A. LangChainが提供するのは開発フレームワークであり、LLM自体は提供していません。OpenAIのGPTやGoogleのGeminiなどを利用するためには、それぞれのAPIキーが必要です。各企業と契約し、APIキーを取得する必要があります。
>
> **Q. 対応しているプログラミング言語は？**
> A. 2024年6月時点では、PythonとJavaScriptに対応しています。

2　2024年6月時点

13-1 LangChainを使った発展的な実装例

LangChainを用いた「発展的な実装」と言われても、イメージが湧かないかもしれません。ここでは、発展的な実装例として、LLMを用いたカスタマーサポートAIを取り上げます（図13-2）。具体的な例を通じて、LangChainを使うメリットを感じられるはずです。

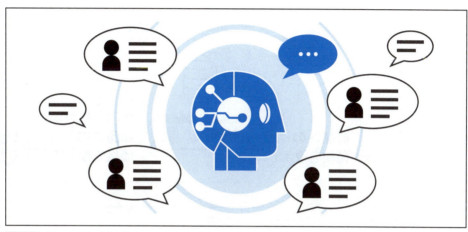

図13-2 チャットAIのイメージ

チャットボットと聞いて、「LLMと会話するだけの簡単な実装では？」と思ったかもしれません。確かに、LLMと会話するだけならすぐに実装できます。しかし、実際にカスタマーサポートに使用するとなると、いくつかのリスクがあります。

- **間違った回答を生成するリスク**
  LLMは一般的な質問には高い精度で答えられますが、誤った回答をするリスクもあります。特に商品名や価格など、詳細な質問には間違えやすい傾向があります。

- **最新情報に対応できないリスク**
  LLMは学習時点までの情報しか知りません。学習時点以降の新しい商品やブランド、最近のトレンドに関する質問には適切に答えることができません。

カスタマーサービスでLLMを使う場合、この2つは重大な懸念点です。もし、あなたがカスタマーサポートでなんらかの商品について問い合わせた際、AIに誤った商品価格や古い情報を教えられたら、どう思うでしょうか。嫌な気分になるのはもちろん、その企業への信頼も落ちてしまいますよね。

LLMは強力ですが、実際のサービスでLLMを使うとなると、意外と難しいのです。LangChainを使用すれば、これらの問題点を補うことができます。実用例を見てみましょう。

13.1.1　実用例①　データベースと連携し、より正確で詳細な回答を生成する

　より正確な返答を生成できるように、商品カタログのようなデータベースとLLMを連携します。LLMはデータベース（商品カタログ）の情報を参照しながら、回答を生成します。具体的には、図13-1のように「商品Aの価格を教えて」という質問に対して、データベースの関連情報を参照して返答を生成します。

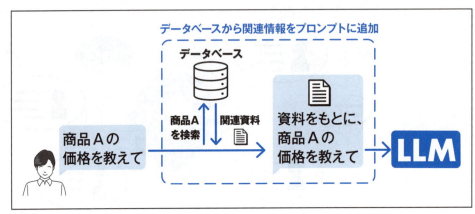

図13-3　LLMとデータベースを連携し、回答を生成

　自社のデータベースとLLMを連携することにより、自社の情報に関して、より確実な説明が生成できます。また、データベース内の情報を更新するだけで、最新情報にも対応可能です。LLMの再学習には膨大なコストがかかるため、この方法は最新情報への対応方法としてはリーズナブルです。

　このような技術は**RAG（Retrieval Augmented Generation, 検索拡張）**と呼ばれ、近年注目されています。RAGは、LangChainを使えば簡単に実装できます。RAGについては本章後半部分で詳しく解説しています。

13.1.2　実用例②　LLMと他のツール（検索機能やコード実装など）を連携させる

　もう1つの実用例として、LLMと他のツールの連携が挙げられます（図13-4）。**エージェント（Agent）**と呼ばれる技術では、LLMが入力を理解し、必要に応じてコード実行や検索機能を実行します（図13-4）。

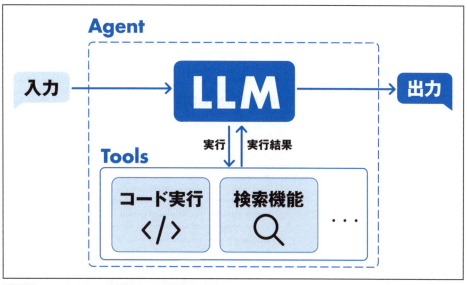

図13-4 LLMと他のツールを連携

　カスタマーサポートへの応用例としては、「LLMが対応が不可能と判断した場合、人間のカスタマーサポートへ接続するコードを実行する」というような活用が考えられます。LLMと他のツールを上手く組み合わせることで、柔軟に対応でき、顧客の満足度を向上できるでしょう。
　ここまで紹介したような発展的な実用例は、LangChainを利用することで、簡単かつ迅速に実装できます。以降では、LangChainの使い方基礎から解説します。

> **補足情報** LangChainのバージョンと公式ドキュメント
> 　LangChainは頻繁にアップデートされており、2024年5月にバージョン0.1から0.2へ大幅にアップデートされ、公式ドキュメントも一新されました。本章の説明はバージョン0.2に基づいています。最新の情報は公式ドキュメントを参照してください。

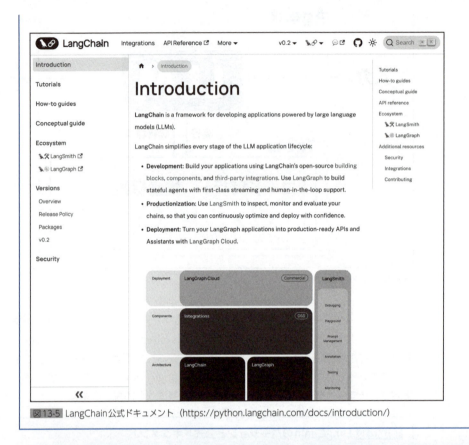

図13-5 LangChain公式ドキュメント（https://python.langchain.com/docs/introduction/）

13.2 LangChainの基本的な使い方

　ここからは、LangChainの基本的な使い方をPythonコード付きで解説します。まず、LLMとプロンプトという2つの基礎要素を説明し、その後にLangChain 表現言語（LCEL）という独自のコード表記方法を紹介します。

> **Google Colabの利用**
> 　以降で紹介する全てのコードは、本書サポートページからアクセスできます。サポートページ内のPythonコード一覧から［第13章_LangChainを使った発展的な実装］をクリックしGoogle Colabを開いてください（本書のサポートページURLは本書冒頭の「本書を読む前に」に記載されています）。Google Colabのセットアップは、第8章の「8.2 Google Colabのセットアップ」を参照してください。

13.2.1 LangChainにおけるLLMの実装方法

(1) LLMの初期化
まずLLMを初期化します。以下のコードでは、使用するLLMにGemini-1.0-proを選択しています。他のLLMを使用したい場合は、この部分を変更するだけでLLMを切り替えられます。

```
llm = ChatGoogleGenerativeAI(
    model="gemini-1.0-pro",
    google_api_key=GOOGLE_API_KEY,
)
```

(2) LLMの呼び出しとテキスト生成
初期化したLLMを使って、テキストを生成します。LangChainでは、生成方法を選ぶことができます。

- **invoke()：通常の生成**
  全ての文章の生成が完了した後に、生成した文章をまとめて出力します。

- **stream()：ストリーム生成**
  生成されたテキストから、その部分を随時出力します。これにより、ユーザーの待ち時間を削減できるため、チャットサービスなどで効果的です。

- **batch()：バッチ処理**
  複数のテキスト生成を同時に行います。全体の処理時間を短縮できるため、大量のデータを処理する場合に有効です。

(2-1) invoke()を使った通常の生成
最も一般的な生成方法は、llm.invoke()です。以下のコードでは、生成されたテキストはresult.contentに保存されています。

```
#-----------------------------------------------
# 通常の生成：全ての文章の生成が完了した後に、生成した文章をまとめて出力する。
#-----------------------------------------------
result = llm.invoke("LLMについて説明してください。")
display_markdown(result.content)
```

(2-2) stream()を使ったストリーミング生成
llm.stream()では、全ての文章の生成が完了する前に、生成した文章を随時出力します。ChatGPTでも、生成完了したテキストが随時出力されています（図13-6）。

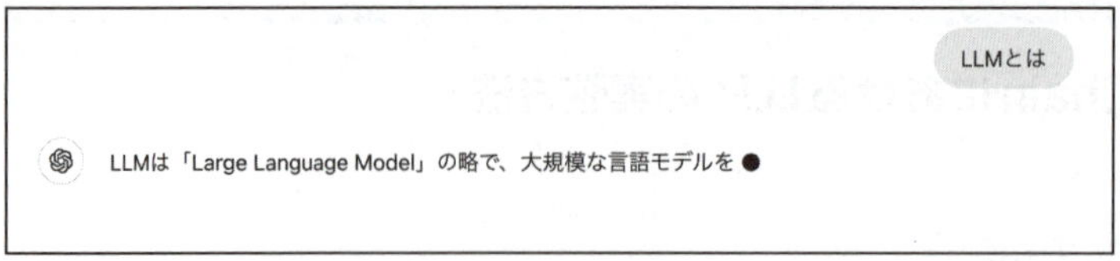

```
                                                        LLMとは

    🅖  LLMは「Large Language Model」の略で、大規模な言語モデルを ●
```

図13-6 ChatGPTにおける生成されたテキストの随時出力

　この生成方法は、ユーザーの待ち時間を減らすことができるため、チャットサービスなどリアルタイムで文章を生成する場合に効果的です。コードは以下のように、先ほどのコードの'llm.invoke'を'llm.stream'に変更するだけで実装できます。chunkに生成完了した部分が随時保存されています。

```
#----------------------------------------------
# ストリーム生成：全ての文章の生成が完了する前に、生成した文章を随時出力する。
#----------------------------------------------
for chunk in llm.stream("LLMについて説明してください。"):
    display_markdown(chunk.content)
```

(2-3) batch()を使って複数の処理を同時に行う

　llm.batch()を使うことで、複数の生成を同時に処理できます。これにより、処理時間を大幅に削減できます。以下のコードでは、3つの計算を行う処理を、通常の生成とバッチ処理それぞれで行っています。

```
#----------------------------------------------
# 通常の生成：順番に処理を行う。
#----------------------------------------------
result = llm.invoke("20-2-8を計算して")
display_markdown(result.content)

result = llm.invoke("3+25-8を計算して")
display_markdown(result.content)

result = llm.invoke("29+3-2を計算して")
display_markdown(result.content)


#----------------------------------------------
# バッチ処理：複数の処理を同時に行う。これによって、処理時間を削減できる。
#----------------------------------------------
results = llm.batch(
    [
        "20-2-8を計算して",
        "3+25-8を計算して",
        "29+3-2を計算して",
    ]
)
for res in results:
    display_markdown(res.content)
```

通常の生成では計算が順番に行われますが、バッチ処理では3つの計算を同時に行います。この生成方法は、大量のデータを処理する場合などに効果的です。たとえば、3つずつ並行処理すれば、単純計算で全体の処理時間を約3分の1に削減できます。

13.2.2　プロンプトの実装方法

次に、LangChainにおけるプロンプトの使い方を説明します。最もシンプルなプロンプトの使用法は、直接文字列をinvoke()メソッドに渡すことです。

```
llm.invoke("LLMについて説明してください。")
```

以降では、より複雑なプロンプトを使う方法を紹介します。

(1) プロンプトにシステムメッセージを追加

システムメッセージでは、LLMの役割や応答スタイルを定義します。これに応じてLLMはテキストを生成します。以下の例では、アシスタントに「具体例を用いてわかりやすく回答する」よう指示しています。

```
#---------------------------------------------
#　プロンプトにシステムメッセージを追加
#---------------------------------------------
prompt = [
    (
        "system",
        "あなたは日本語で具体例を使いながら、わかりやすく回答するチャットボットです。",
    ),
    (
        "user",
        "LLMについて教えてください。"
    ),
]
result = llm.invoke(prompt)
```

この方法を使うと、ユーザーの要望に応じて生成内容を柔軟に調整できます。たとえば、「英語で回答してください」という指示や、「3行以内で回答してください」というようにLLMの生成を制御できます。

(2) プロンプトテンプレートを使う

同じプロンプトを使い回したい場合は、LangChainのプロンプトテンプレートという機能が便利です。プロンプトテンプレートでは、事前にプロンプトのテンプレートを作り、テンプレート内の値を入れます。

たとえば、以下のコードでは、まず「{topic}について教えてください」というプロンプトのテンプレートを先に準備しています。その後に、{"topic":"LLM"}を値として指定すると、"LLM

について教えてください"というプロンプトが作成されます。ほかにも"車"を値に指定すれば"車について教えてください"となり、プロンプトを同じ文脈で使い回すことができます。

```
#---------------------------------------------
#  文字列のプロンプトテンプレート
#---------------------------------------------
prompt_template = PromptTemplate.from_template(
    "{topic}について教えてください。"
)
prompt = prompt_template.invoke({"topic": "LLM"})
```

ここまで、LangChainにおける基礎要素、LLMとプロンプトの実装方法を解説しました。以降では、LangChain独自のコード表現を紹介します。

13.2.3 LangChain表現言語（Langchain Expression Language, LECL）の使い方

LangChainには、LangChain表現言語（LCEL）という独自のコード表記方法があります。やや理解しづらい表現方法ですが、LangChain表現言語（LECL）を使うことで、LLMの処理を簡潔に記述できます。

(1) プロンプトとLLMの定義

まずプロンプトとLLMを定義します。以下のコードでは、チャットボット用のプロンプトと、Gemini-1.5-Proを定義しています。

```
#---------------------------------------------
#  プロンプトとLLM（Gemini）を定義
#---------------------------------------------
prompt = ChatPromptTemplate.from_messages(
    [
        (
            "system",
            "あなたは楽しく会話するチャットAIです。",
        ),
        (
            "user",
            "{input}"
        ),
    ]
)
llm = ChatGoogleGenerativeAI(
    model="gemini-1.5-pro",
    google_api_key = GOOGLE_API_KEY,
)
```

(2) LLMとプロンプトを連携させたChainを実装

定義したプロンプトとLLMを連携させます。この際にLangChain表現言語を使用します。

```
chain = prompt_template | llm
results = chain.invoke({"input": "LLMについて学びたい。"})
```

パイプ(|)演算子を使用してpromptとllmを連携させ、入力から応答までの一連の処理を自動的に行うチェーンを作成します。chainの中身は図13-7のようになります。

図13-7 LangChainを使って、複数の要素を連携

chainへの入力は、まずプロンプトテンプレートで処理され、その処理結果がLLMに渡されテキスト生成が行われます。このような入力から出力までの流れを、直感的に表現したのが、以下のようなLangChain表現言語です。

chain = prompt_template | llm

このパイプ(|)演算子を使ったコードは「左から順番に処理され、処理結果が右の要素に渡される」と捉えるとわかりやすいです（図13-8）。図では、まずプロンプトテンプレートでプロンプトが作成され、作成されたプロンプトがllmに渡されます。

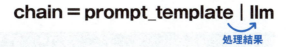

図13-8 パイプ演算子を挟んだ右の要素に処理結果が渡されていく

このコードの読み方は、chainの要素が増えても同様です。たとえば、図13-9のように要素が3つに増えた場合でも、要素ごとに1つずつ処理が行われ、その処理結果が右の要素に渡されます。

図13-9 LangChain表現言語を使って、3つの要素を連携させた場合のコード（StrOutputParserについては後述）

このLangChain表現言語を使い、さらにほかの要素を連携することもできます。

OutputParser

OutputParserは、生成されたテキスト出力を解析し、特定のフォーマットや構造に整形する役割を担います。代表的なのはStrOutputParserで、一般的なテキスト形式で出力します。以下のコード例では、先述したchainにStrOutputParser()を追加しています。

```
chain = prompt | llm | StrOutputParser()
results = chain.invoke({"input": "LLMについて学びたい。"})
display_markdown(results)
```

この例では、StrOutputParser()がLLMからの出力を受け取り、テキスト形式に変換します。StrOutputParser以外にも、SimpleJsonOutputParserで生成結果をJSON形式にフォーマットできます。

13.3 LangChainの主要機能① エージェント（Agent）

13.3.1 エージェントとは

エージェント（Agent） とは、LLMとツールを連携させる技術です。ChatGPTでも取り入れられており、あなたもChatGPTがコードを実行したり検索機能を使うのを見たことがあるはずです（図13-10）。

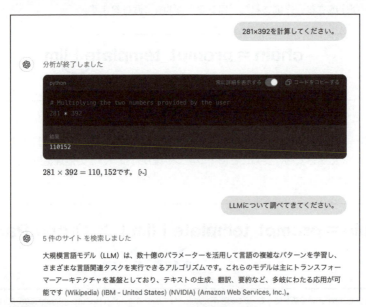

図13-10 ChatGPTは必要に応じて、コード機能や検索機能を使用する

ChatGPTがツールを使う理由は、LLMの弱点を補うためです。LLMは仕組み上、計算や最新情報などを答えるのを苦手とします。

　エージェントでは、「LLMが必要に応じてツールを使う」ことで弱点を補います。たとえば、LLMと検索ツール（例：Google検索）の連携を考えてみましょう。LLMは検索ツールを「必要に応じて」使用します。ユーザーの質問が"今の日本の総理大臣は誰？"であれば、最新情報を得るために検索ツールを使います。一方、「総理大臣とは？」という一般的な質問であれば、通常のテキスト生成で対応します。

　このようにエージェントでは、ツールを活用してテキストを生成します。詳細な処理手順は以下のようになります。

①プロンプトを理解し、ツールの使用が必要か判断
②必要と判断した場合、ツールを実行（不要と判断した場合、通常の生成を行う）
③ツールの実行結果を基にテキスト生成

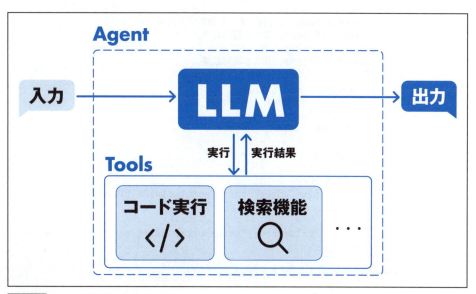

図13-11　エージェント機能の処理イメージ

　LLMがプロンプトを理解し、ツールの使用が不要だと判断した場合は、通常の生成を行います。このような「LLMにツールを渡して、必要に応じて使ってもらう」というエージェント機能は、LangChainで簡単に実装できます。以降ではシンプルな例として、計算を行う関数をツールとして使用する実装例を紹介します。

13.3.2　LangChainによる実装例

　エージェント機能は、LangChainで簡単に実装できます。以降では、計算を行う関数をツールとして、エージェントを実装します。

(1) 計算を行う関数をツールとして定義

　まず、計算を行う関数をツールとして定義します。この関数は基本的な四則演算に対応しており、指定された演算子に応じて計算し、結果を返します。

```python
#---------------------------------------------
# 計算を行う関数をツールとして定義
#---------------------------------------------
@tool
def calculator_function(number1: float, operator: str, number2: float) -> float:
    """
    number1とnumber2を指定された演算子で計算する。
    number1 (float): 第一引数の数値。
    operator (str): 使用する演算子（+、-、*、/ のいずれか）。
    number2 (float): 第二引数の数値。
    """
    if operator == '+':
        return number1 + number2
    elif operator == '-':
        return number1 - number2
    elif operator == '*':
        return number1 * number2
    elif operator == '/':
        if number2 == 0:
            raise ValueError("Cannot divide by zero.")
        return number1 / number2
    else:
        raise ValueError("Unsupported operator. Please use '+', '-', '*', or '/'.")

tools = [calculator_function]
```

(2) LLMとツールを連携したエージェントを作成

　次に、作成したツールをLLMと連携させます。

```python
#---------------------------------------------
# LLMとツールを連携したAgentを作成
#---------------------------------------------
agent = create_react_agent(llm, tools)
```

(3) エージェントを実行

作成したエージェントに、4桁×4桁の計算を解かせます。LLMが本来苦手とする計算でも、関数をツールとして使うことで正確に答えられます。

```
#------------------------------------------------
#  Agent を実行  ＊3184 2923の答えは9306832
#------------------------------------------------
query = "3184 2923 を計算してください。"
messages = agent.invoke({"messages": [("human", query)]})
```

以下のような計算を必要としないプロンプトに対しては、エージェントが通常のテキスト生成を行います。

```
#------------------------------------------------
#  Agent を実行：計算を必要としないプロンプトの場合は、通常の生成を行う。
#------------------------------------------------
query_2 = "LLMとは?"
messages = agent.invoke({"messages": [("human", query_2)]})
```

本コードでは、シンプルな計算関数をツールとして使用しました。LangChainを活用すれば、計算関数だけでなく、検索機能や高度な関数の呼び出しも実装できます。

13.4 LangChainの主要機能②　メモリー（Memory）

13.4.1　メモリー機能とは

メモリー機能は、過去の会話履歴を保持し、それを参照してテキストを生成する機能です。実は、この機能は多くの人がChatGPTで何気なく使っています。たとえば、以下の図13-12でもメモリー機能を使用しています。

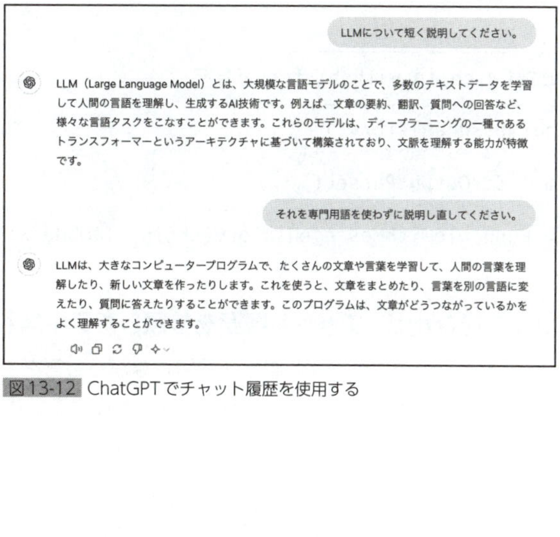

図13-12　ChatGPTでチャット履歴を使用する

この画像の2つ目のプロンプトでは「**それ**を専門用語を使わずに説明し直してください」と入力しています。「**それ**」というのは、1つ前のChatGPTの出力を指しています。このように、ChatGPTは、これまでの会話履歴に基づいて返答を生成しています。メモリー機能は、チャットサービスには必須の機能と言えるでしょう。

LangChainを使用すれば、メモリー機能も簡単に実装できます。以降では、チャット履歴を参照したテキスト生成の実装例を紹介します。

13.4.2 LangChainによる実装例

(1) メモリー用プロンプトを定義

これまでのチャット履歴を参照するために、プロンプトに過去のチャット履歴を挿入します。以下では、("placeholder", "{chat_history}")に、これまでの会話履歴が挿入されています。プロンプトに会話履歴を挿入することで、LLMは過去の会話を参照して返答を生成できます。

```
#--------------------------------------------
# メモリー用プロンプトを定義
#--------------------------------------------
prompt = ChatPromptTemplate.from_messages(
    [
        ("system", "あなたは日本語で会話するチャットボットです"),
        ("placeholder", "{chat_history}"),
        ("human", "{input}"),
    ]
)
```

(2) チャット履歴とLLMを連携したchain_with_historyを作成

次に、チャット履歴を管理する"history"コンポーネントとChainを連携させたchain_with_historyを作成します。これにより、chain_with_historyを呼び出すと、自動でチャット履歴を保存されるようになります。

```
#--------------------------------------------
# チャット履歴とLLMを連携したchain_with_historyを作成
#--------------------------------------------
history = InMemoryChatMessageHistory()

chain = prompt | llm | StrOutputParser()

chain_with_history = RunnableWithMessageHistory(chain, lambda x: history)
```

(3) chain_with_historyを呼び出し、チャット履歴を参照したテキスト生成を行う

定義したchain_with_historyを使って、チャット履歴を活用しながら応答を生成します。以下のコードでは、"終了"と入力されるまでチャットが続き、チャット履歴を活用した会話を行

うことができます。

```
#---------------------------------------------
# chain_with_historyを呼び出し、チャット履歴を参照したテキスト生成を行う。終了するには
「終了」と入力します。
#---------------------------------------------
while True:
    user_input = input("あなた: ")
    if user_input.strip().lower() == "終了":
        break

    # チャット履歴を参照してレスポンスを生成する
    response = chain_with_history.invoke(
        {"input": user_input},
        config={"configurable": {"session_id": "42"}},
    )

    # LLMのレスポンスを表示
    print("LLM: " + response)
    print("¥n")   # 改行を追加してレスポンス後に空白行を入れる
```

13.5 LangChainの主要機能③　RAG（Retrieval Augmented Generation, 検索拡張）

13.5.1　RAGとは

　RAGは近年、ビジネスで注目されている技術です。なぜなら、ビジネスにおけるLLMの課題を解決できるからです。

- **誤情報の生成**：LLMは「ハルシネーション（幻覚）」と呼ばれる、誤った情報を生成することがあります。
- **最新情報の欠如**：LLMは学習時点以降の最新情報には答えられません。

　たとえば、「商品Aの価格を教えて」という質問を考えてみましょう。LLMをそのまま使う場合、誤った価格や古い価格を答えるリスクがあります（図13-13）。

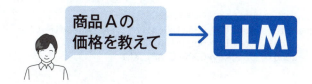

図13-13　LLMをそのまま使う場合

この問題を解決するために、RAGでは、LLMとデータベース（例：商品カタログ）を連携します。データベースから関連情報を検索し、その情報をプロンプトに組み込むことにより、より正確な回答を生成します（図13-14）。

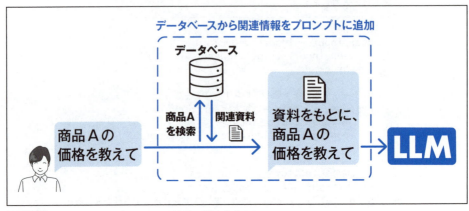

図13-14 RAGでは、LLMとデータベースを連携し回答を生成する

RAGにおける具体的なプロセスは以下のようになります。

1.データベースの設定：商品カタログやFAQなどのデータベースを準備します。
2.リアルタイム検索：ユーザーの質問に基づき、必要な情報をデータベースから検索します。
3.情報の統合：検索した情報をプロンプトに組み込み、LLMで生成を行います。

RAGはデータベースの設定などを含むため、やや複雑なコードになりますが、LangChainで実装できます。

13.5.2 LangChainによる実装例

(1) データベースの準備（ベクトルストアの作成）

まず、RAGに使用するデータベースを準備します。本実装例ではOpenAIのGPT-4に関する論文をデータベースに読み込みます。

```
#---------------------------------------------
# データベースの準備（ベクトルストアの作成）
#---------------------------------------------

# Googleの埋め込みモデルをロード
embeddings_model = GoogleGenerativeAIEmbeddings(
    model="models/embedding-001",
    google_api_key=GOOGLE_API_KEY
)

# Webドキュメントの特定のセクションをスクレイピングするためのローダーを設定
loader = WebBaseLoader(
```

```
    web_paths=("https://arxiv.org/html/2303.08774v6",),
    bs_kwargs={'parse_only': SoupStrainer(class_="ltx_section")}
)

# 指定されたWebパスからドキュメントをロード
docs = loader.load()

# ドキュメントを小さなチャンクに分割する設定
text_splitter = RecursiveCharacterTextSplitter(
    chunk_size=1000,
    chunk_overlap=200
)
splits = text_splitter.split_documents(docs)

# 分割されたドキュメントからベクトルストアを生成
vectorstore = Chroma.from_documents(
    documents=splits,
    embedding=embeddings_model
)
```

(2) データベースとLLMを連携させたRAG_chainを作成

次に、データベースとLangChainを連携させた、RAG_chainを作成します。RAG_chainを使用すると、質問に基づいて適切な情報を検索し、その情報を基に回答を生成します。

```
#----------------------------------------
# データベースとLLMを連携させたrag_chainを作成
#----------------------------------------

# ベクトルストアを利用して検索エンジンを設定します。
retriever = vectorstore.as_retriever()
prompt = hub.pull("rlm/rag-prompt")

# ドキュメントを整形する関数。
def format_docs(docs):
    return "\n\n".join(doc.page_content for doc in docs)

# RAGプロンプトを通じて質問と回答を連結するプロセスを設定します。
RAG_chain = (
    {"context": retriever | format_docs, "question": RunnablePassthrough()}
    | prompt
    | llm
    | StrOutputParser()
)
```

(3) RAGを使った生成を実行

作成したRAG_chainを呼び出して、具体的な質問に対する回答を生成します。以下のコードでは、「MMLUベンチマークにおけるGPT4の性能を日本語で教えてください。」という非常に具体的な質問をしています。このような非常に具体的な質問に対しても、RAGを使えば正確

に答えられます。

```
#---------------------------------------------
#   RAGを使った生成
#---------------------------------------------
RAG_result = RAG_chain.invoke("MMLUベンチマークにおけるGPT4の性能を日本語で教えて
ください。")
display_markdown("##RAGを使う場合の生成結果：\n" + RAG_result)
```

本章のポイント

　本章では、LangChainの基本的な使い方から、エージェントやRAGといった応用技術まで解説しました。LangChainを習得すれば、より効率的に高度なLLMを使ったプログラムを開発できるようになるでしょう。

LangChainの概要
- LangChain最大の特徴は「LLMとさまざまなツールとの連携」です。LangChainを使えば、LLMとデータベースや検索機能の連携を簡単に実装できます。
- LangChainでは、パイプ（|）演算子を使った独自のLangChain表現言語（LCEL）が存在します。LangChain表現言語を使うことで、LLMとさまざまなツールの連携を簡単に記述できます。

LangChainの主要機能
- **エージェント**
LLMと検索機能や関数などを連携させる技術。LLMが必要に応じて設定した機能を実行します。
- **メモリー**
LLMとチャット履歴を連携させる技術。チャット履歴を参照することで、より利便性が高く、より一貫した会話が可能になります。
- **RAG**
LLMとデータベースを連携させる技術。回答の正確さを向上し、最新情報への対応も可能になります。

参考文献

第 1 章

[1] OpenAI et al., "GPT-4 Technical Report," arXiv [cs.CL], Mar. 15, 2023. [Online]. Available: http://arxiv.org/abs/2303.08774

[2] Gemini Team et al., "Gemini: A Family of Highly Capable Multimodal Models," arXiv [cs.CL], Dec. 19, 2023. [Online]. Available: http://arxiv.org/abs/2312.11805

[3] J. Kaplan et al., "Scaling Laws for Neural Language Models," arXiv [cs.LG], Jan. 23, 2020. [Online]. Available: http://arxiv.org/abs/2001.08361

[4] J. Wei et al., "Emergent Abilities of Large Language Models," arXiv [cs.CL], Jun. 15, 2022. [Online]. Available: http://arxiv.org/abs/2206.07682

[5] H. Touvron et al., "Llama 2: Open Foundation and Fine-Tuned Chat Models," arXiv [cs.CL], Jul. 18, 2023. [Online]. Available: http://arxiv.org/abs/2307.09288

第 2 章

[1] D. Jurafsky and J. Martin, Speech and Language Processing: An Introduction to Natural Language Processing, Computational Linguistics, and Speech Recognition with Language Models, 3rd Edition. 2024. [Online]. Available: https://web.stanford.edu/~jurafsky/slp3/.

[2] H. Touvron et al., "Llama 2: Open Foundation and Fine-Tuned Chat Models," arXiv [cs.CL] , Jul. 18, 2023. [Online] . Available: http://arxiv.org/abs/2307.09288

[3] J. FitzGerald et al., "MASSIVE: A 1M-Example Multilingual Natural Language Understanding Dataset with 51 Typologically-Diverse Languages," in Proceedings of the 61st Annual Meeting of the Association for Computational Linguistics (Volume 1: Long Papers) , A. Rogers, J. Boyd-Graber, and N. Okazaki, Eds., Toronto, Canada: Association for Computational Linguistics, Jul. 2023, pp. 4277–4302.

[4] A. Radford and K. Narasimhan, "Improving Language Understanding by Generative Pre-Training," 2018, Accessed: Feb. 18, 2024. [Online] . Available: https://www.semanticscholar.org/paper/cd18800a0fe0b668a1cc19f2ec95b5003d0a5035

[5] J. Kaplan et al., "Scaling Laws for Neural Language Models," arXiv [cs.LG] , Jan. 23, 2020. [Online] . Available: http://arxiv.org/abs/2001.08361

[6] J. Hoffmann et al., "Training Compute-Optimal Large Language Models," arXiv [cs.CL], Mar. 29, 2022. [Online]. Available: http://arxiv.org/abs/2203.15556

[7] P. Villalobos, J. Sevilla, L. Heim, T. Besiroglu, M. Hobbhahn, and A. Ho, "Will we run out of data? An analysis of the limits of scaling datasets in Machine Learning," arXiv [cs.LG], Oct. 26, 2022. [Online]. Available: http://arxiv.org/abs/2211.04325

第3章

[1] T. Kudo and J. Richardson, "SentencePiece: A simple and language independent subword tokenizer and detokenizer for Neural Text Processing," arXiv [cs.CL], Aug. 19, 2018. [Online]. Available: http://arxiv.org/abs/1808.06226

第4章

[1] A. Vaswani et al., "Attention Is All You Need," arXiv [cs.CL], Jun. 12, 2017. [Online]. Available: http://arxiv.org/abs/1706.03762

[2] S. Wu et al., "BloombergGPT: A Large Language Model for Finance," arXiv [cs.LG], Mar. 30, 2023. [Online]. Available: http://arxiv.org/abs/2303.17564

[3] J. Cui, Z. Li, Y. Yan, B. Chen, and L. Yuan, "ChatLaw: Open-Source Legal Large Language Model with Integrated External Knowledge Bases," arXiv [cs.CL], Jun. 28, 2023. [Online]. Available: http://arxiv.org/abs/2306.16092

第5章

[1] L. Berglund et al., "The Reversal Curse: LLMs trained on 'A is B' fail to learn 'B is A,'" arXiv [cs.CL], Sep. 21, 2023. [Online]. Available: http://arxiv.org/abs/2309.12288

[2] H. Touvron et al., "Llama 2: Open Foundation and Fine-Tuned Chat Models," arXiv [cs.CL], Jul. 18, 2023. [Online]. Available: http://arxiv.org/abs/2307.09288

[3] N. Sachdeva et al., "How to Train Data-Efficient LLMs," arXiv [cs.LG], Feb. 15, 2024. [Online]. Available: http://arxiv.org/abs/2402.09668

[4] S. Zhang et al., "OPT: Open Pre-trained Transformer Language Models," arXiv [cs.CL], May 02, 2022. [Online]. Available: http://arxiv.org/abs/2205.01068

第 6 章

[1] L. Ouyang et al., "Training language models to follow instructions with human feedback," arXiv [cs.CL] , Mar. 04, 2022. [Online] . Available: http://arxiv.org/abs/2203.02155

[2] H. Touvron et al., "Llama 2: Open Foundation and Fine-Tuned Chat Models," arXiv [cs.CL] , Jul. 18, 2023. [Online] . Available: http://arxiv.org/abs/2307.09288

[3] V. Sanh et al., "Multitask Prompted Training Enables Zero-Shot Task Generalization," arXiv [cs.LG] , Oct. 15, 2021. [Online] . Available: http://arxiv.org/abs/2110.08207

[4] Y. Wang et al., "Self-Instruct: Aligning Language Models with Self-Generated Instructions," arXiv [cs.CL] , Dec. 20, 2022. [Online] . Available: http://arxiv.org/abs/2212.10560

[5] S. Gehman, S. Gururangan, M. Sap, Y. Choi, and N. A. Smith, "RealToxicityPrompts: Evaluating Neural Toxic Degeneration in Language Models," arXiv [cs.CL] , Sep. 24, 2020. [Online] . Available: http://arxiv.org/abs/2009.11462

[6] S. Lin, J. Hilton, and O. Evans, "TruthfulQA: Measuring How Models Mimic Human Falsehoods," arXiv [cs.CL] , Sep. 08, 2021. [Online] . Available: http://arxiv.org/abs/2109.07958

[7] Y. Bai et al., "Training a Helpful and Harmless Assistant with Reinforcement Learning from Human Feedback," arXiv [cs.CL] , Apr. 12, 2022. [Online] . Available: http://arxiv.org/abs/2204.05862

第 7 章

[1] A. Vaswani et al., "Attention Is All You Need," arXiv [cs.CL] , Jun. 12, 2017. [Online] . Available: http://arxiv.org/abs/1706.03762

[2] J. Yang et al., "Harnessing the Power of LLMs in Practice: A Survey on ChatGPT and Beyond," arXiv [cs.CL] , Apr. 26, 2023. [Online] . Available: http://arxiv.org/abs/2304.13712

[3] W. X. Zhao et al., "A Survey of Large Language Models," arXiv [cs.CL] , Mar. 31, 2023. [Online] . Available: http://arxiv.org/abs/2303.18223v13

[4] H. Touvron et al., "Llama 2: Open Foundation and Fine-Tuned Chat Models," arXiv [cs.CL] , Jul. 18, 2023. [Online] . Available: http://arxiv.org/abs/2307.09288

第8章

[1] T. B. Brown et al., "Language Models are Few-Shot Learners," arXiv [cs.CL] , May 28, 2020. [Online] . Available: http://arxiv.org/abs/2005.14165

第11章

[1] A. Kong et al., "Better Zero-Shot Reasoning with Role-Play Prompting," arXiv [cs.CL] , Aug. 15, 2023. [Online] . Available: http://arxiv.org/abs/2308.07702

[2] OpenAI et al., "GPT-4 Technical Report," arXiv [cs.CL], Mar. 15, 2023. [Online]. Available: http://arxiv.org/abs/2303.08774

第12章

[1] W.-L. Chiang et al., "Chatbot Arena: An open platform for evaluating LLMs by human preference," arXiv [cs.AI] , Mar. 06, 2024. Accessed: Oct. 13, 2024. [Online] . Available: http://arxiv.org/abs/2403.04132

[2] OpenAI et al., "GPT-4 Technical Report," arXiv [cs.CL] , Mar. 15, 2023. [Online] . Available: http://arxiv.org/abs/2303.08774

[3] D. Hendrycks et al., "Measuring massive multitask language understanding," arXiv [cs.CY] , Sep. 07, 2020. Accessed: Oct. 13, 2024. [Online] . Available: http://arxiv.org/abs/2009.03300

[4] R. Zellers, A. Holtzman, Y. Bisk, A. Farhadi, and Y. Choi, "HellaSwag: Can a machine really finish your sentence?," arXiv [cs.CL] , May 19, 2019. [Online] . Available: http://arxiv.org/abs/1905.07830

[5] K. Sakaguchi, R. Le Bras, C. Bhagavatula, and Y. Choi, "WinoGrande: An adversarial Winograd Schema Challenge at scale," Proc. Conf. AAAI Artif. Intell., vol. 34, no. 05, pp. 8732–8740, Apr. 2020.

[6] M. Chen et al., "Evaluating large language models trained on code," arXiv [cs.LG] , Jul. 07, 2021. [Online] . Available: http://arxiv.org/abs/2107.03374

索引

英字

AIチャットボットの暴走 64
Alexa 19
API 100
Base-model 49
ChatGPT 3
DataFrame関数 125, 140
Decoder-only Transformer 43
display関数 125
Duplex 11
Gemini 11, 99
Gemini APIキー 107
Gemini APIのエラーリスト 142
Google 10
Google Colaboratory 103
 Gemini APIキーの設定 110
 Google OAuth の設定 168
 開発環境のセットアップ 104
 ［コード追加］ボタン 106
 ［削除］ボタン 106
 ［実行］ボタン 106
 セッションタイムアウト 155
 セル 106
Google OAuth 161, 167
google-generativeai 112
GPU 90
Huggingface 194
japanize-matplotlib 170
JSON 144, 181

LangChain 203
 LLM実装方法 209
 RAG 219
 エージェント 214
 対応言語 204
 プロンプト実装方法 211
 メモリー 217
LangChain表現言語 212
LLaMA 11
LLaMA-2
 Pythonコード 32
 Pythonのコードフォルダのファイル一覧 .. 32
 主要要素 31
 ダウンロード方法 38
LLMの比較 190
 性能比較 190
 費用の比較 192
 ベンチマーク 197
Matplotlib 146, 170
Meta 10
Next-Token Prediction 16
Open LLM Leaderboard 194
OpenAI 10
OpenAI APIのエラーリスト 142
Pandas 124, 140
Python 97
 pipパッケージ管理システム 112, 168
QAベンチマーク 199
RAG（Retrieval Augmented Generation, 検索拡張）...................................... 219

SentencePiece3 34
Siri 19
Tay 11
Top K サンプリング 36
Transformer 34, 83
   Attention 機構 91
   エンコーダ 84
   エンコーダ＆デコーダモデル 87
   エンコーダモデル 87
   デコーダ 84
   デコーダモデル 87

あ行

エラーハンドリング 141
オープンソースLLM 100, 189
温度 118
温度サンプリング（Temperature Sampling）
.... 36

か行

過学習（overfitting） 159
学習計算量 20
学習するデータ量 20
基盤モデル 49, 69
クローズドソースLLM 100, 188
言語モデリング 16
言語モデル 16

さ行

思考の連鎖 184
   プロンプト例 185
事前学習 49, 52
   学習データ 60
   学習方法 54
   コスト 59
   データのクリーニング 63
   目的 53
推論ベンチマーク 200
スケーリング則 23
正解率（Accuracy） 149
生成AI 3
性能評価 149
創発的能力 24

た行

大規模言語モデル（LLM） 3
   サイズ 22
知識のカットオフ 191
チャットボットアリーナ（Chatbot Arena） .. 190
チャットモデル 69
次の単語予測 16, 44
敵対的プロンプト 72
トークナイザ 33
トークン 15, 192
トークン化 34

は行

パイプ演算子	213
パラメータ	34, 43
ハルシネーション	200, 219
ヒューマンフィードバック	50, 75
PPO（Proximal Policy Optimization）	81
RLHF	79
学習方法	79
真実性の評価	77
スカラー報酬	80
毒性の評価	77
報酬モデル	80
目的	76
有用性の評価	76
人間の趣向データ	78
ヒューマンフィードバックによる強化学習	51
品質フィルタリング	64
ファインチューニング	49, 68, 158
オープンソースのデータセット	73
学習データ	71
方法	74
目的	68
フューショットラーニング	123
プログラミングベンチマーク	201
プロンプト	4
プロンプトエンジニアリング	174
フォーマットを指定する	179
役割を教える	178
望ましい生成結果例を追加する	182
プロンプトギャラリー	175
並列処理	90

ま行

マルチモーダルAI	5
マルチラベル分類	130
モデルのサイズ	20

や行

良いプロンプトの原則	
曖昧な表現は避ける	176
指示は肯定文にする	176
小さいタスクに分割する	177

ら行

ルールベースのフィルタリング	65
レビュー分析プログラム	127
グラフとレポートの作成	144
評価プログラム	152
ファインチューニングによる性能改善	158
前処理	140
高評価と低評価の要素特定	141
レポート生成	130

●著者紹介

末次 拓斗（すえつぐ たくと）
日米の企業でLLMを使ったAI開発プロジェクトに参加。「新技術でビジネスを加速する」を社是とするスタッフネット株式会社に所属。趣味は映画鑑賞。

●本書についての最新情報、訂正、重要なお知らせについては下記Webページを開き、書名もしくはISBNで検索してください。ISBNで検索する際は-（ハイフン）を抜いて入力してください。

　　　　https://bookplus.nikkei.com/catalog/

●本書に掲載した内容についてのお問い合わせは、下記Webページのお問い合わせフォームからお送りください。電話およびファクシミリによるご質問には一切応じておりません。なお、本書の範囲を超えるご質問にはお答えできませんので、あらかじめご了承ください。ご質問の内容によっては、回答に日数を要する場合があります。

　　　　https://nkbp.jp/booksQA

誰でもわかる大規模言語モデル入門
LLMの用語・仕組み・実装を図解

2024年11月25日　初版第1刷発行

著　者		末次 拓斗
発行者		中川 ヒロミ
編　集		田部井 久
発　行		株式会社日経BP
		東京都港区虎ノ門4-3-12　〒105-8308
発　売		株式会社日経BP マーケティング
		東京都港区虎ノ門4-3-12　〒105-8308
装　丁		コミュニケーションアーツ株式会社
DTP制作		株式会社シンクス
印刷・製本		TOPPANクロレ株式会社

本書に記載している会社名および製品名は、各社の商標または登録商標です。なお、本文中に™、®マークは明記しておりません。
本書の例題または画面で使用している会社名、氏名、他のデータは、一部を除いてすべて架空のものです。
本書の無断複写・複製（コピー等）は著作権法上の例外を除き、禁じられています。購入者以外の第三者による電子データ化および電子書籍化は、私的使用を含め一切認められておりません。

©2024 Takuto Suetsugu

ISBN978-4-296-07101-2　Printed in Japan